$24.00

LAROUSSE
Recetas para embarazadas

Director editorial
Tomás García Cerezo

Editora responsable
Verónica Rico Mar

Coordinador de contenidos
Gustavo Romero Ramírez

Asistencia editorial y redacción
Irving Sánchez Ruiz

Fotografía
Alejandro Vera / Fotogastronómica®

Fotografía complementaria
©2012 Shutterstock.com

Estilismo
Verónica Rico Mar, Irving Sánchez Ruiz, Montserrat Estremo Paredes

Diseño y formación
Visión Tipográfica Editores, S.A. de C.V. / Rossana Treviño Tobías

Portada
Ediciones Larousse S.A. de C.V.
con la colaboración de Nice Montaño Kunze

© 2014 Ediciones Larousse, S.A. de C.V.
Renacimiento 180
Colonia San Juan Tlihuaca
Delegación Azcapotzalco
C. P. 02400, México, D.F.

ISBN: 978-607-21-0934-6

Primera edición, agosto 2014.

www.larousse.com.mx

Impreso en Grupo Infagón

LAROUSSE
Recetas para embarazadas

LAROUSSE

Presentación

En las últimas décadas, cuidar nuestros hábitos alimentarios para gozar de salud se ha convertido en una necesidad. Desde el nacimiento hasta la tercera edad, se le debe poner atención a la alimentación para lograr un desarrollo óptimo, un crecimiento sano o prevenir enfermedades.

Una buena alimentación a cualquier edad radica en que sea variada, suficiente y equilibrada. No obstante existen ciertas etapas en la vida que necesitan cuidados más estrictos en los hábitos alimentarios. Una de ellas es el embarazo.

Este libro ayudará a que su alimentación sea un placer saludable durante el embarazo. A través de las páginas usted conocerá sus necesidades alimenticias y notará que una alimentación sana y balanceada durante la gestación no es sinónimo ni de comidas aburridas ni de comer por dos. Disfrutará de cada preparación asegurando el buen desarrollo de su bebé hasta su nacimiento, así como la salud propia sin tener riesgos derivados de una deficiente alimentación.

Conocerá cuáles son los requerimientos alimenticios básicos para el desarrollo de su bebé. La información inicial del libro le ampliará el panorama sobre cuáles alimentos debe y no debe consumir durante su embarazo, así como la manera idónea para una mejor asimilación de los nutrientes. También encontrará datos relacionados con las enfermedades derivadas de la ingesta de determinados productos, cuestiones sobre el aumento de peso y datos útiles si usted es vegetariana.

Las recetas de este libro están diseñadas con base en los requerimientos nutricionales para una mujer durante el embarazo. Agrupadas por menús balanceados y por trimestres, cada una tiene características que la convierten en ideal para el óptimo desarrollo de su bebé y para el cuidado de usted.

Los datos técnicos que le ofrecemos están sustentados en información avalada por diferentes organizaciones gubernamentales y privadas. Sin embargo, esta obra no pretende en ningún momento sustituir las consultas médicas relacionadas con la nutrición durante su embarazo; por el contrario, tiene el propósito de ofrecer información práctica y opciones de menús que complementarán las indicaciones de su doctor. Debido a que cada mujer durante la gestación tiene características y necesidades particulares, es necesario que consulte frecuentemente a su médico y a su nutriólogo.

Información útil así como recetas apetitosas y saludables le esperan en las siguientes páginas. Aliméntese sanamente, realice ejercicio y disfrute de una de las mejores etapas de su vida.

LOS EDITORES

Sumario

Macronutrientes

Los macronutrientes son las moléculas alimenticias que el cuerpo necesita para producir energía (cuantificable en kilocalorías). Éstos se dividen en tres: proteínas, carbohidratos y lípidos o grasas. Cada uno de ellos aporta diferentes componentes necesarios para el funcionamiento del organismo, por lo que una alimentación completa siempre debe contenerlos.

Proteínas

Las proteínas son las encargadas de aportar energía al cuerpo. Son parte de la maquinaria del organismo, es decir, montan, desmontan y trasladan moléculas dentro de la célula, forman las fibras musculares (que mueven al organismo entero) e interceden en el crecimiento. Están compuestas por aminoácidos, sustancias indispensables para la generación y multiplicación de células.

Para usted, una mujer embarazada o que planea estarlo, las proteínas juegan un papel primordial en el desarrollo del feto. Es recomendable consumirlas en mayor cantidad durante la gestación, en especial durante el tercer trimestre, cuando el feto gana alrededor de 30 g de peso al día. El consumo promedio diario de proteínas que una mujer no embarazada necesita es de 46 g. Durante la gestación este consumo debe elevarse a 60-75 gramos diarios.

Alimentos con alto contenido de proteínas

Alimento	% de proteína
Carne roja (pieza magra)	28.1
Pescado (trucha)	20.4
Huevo	12.6
Leche	3.5
Pan integral	13.5
Pasta	12.2
Tortillas	10.0
Almendra	22.2
Ajonjolí	17.7
Semillas de girasol	19.4
Soya	12.3
Lentejas	9.0
Frijoles	8.8

Las proteínas se encuentran disponibles primordialmente en alimentos de origen animal: carnes, pescado, huevos y productos lácteos. También hay proteínas de origen vegetal, aunque no son tan completas como las animales, éstas se encuentran en cereales (pan, pastas, tortillas), leguminosas (lentejas, frijoles, chícharos, soya) y nueces y semillas (almendras, ajonjolí y semillas de girasol).

Carbohidratos

La importancia de los carbohidratos radica en que son los macronutrientes que aportan energía al organismo para todas las actividades celulares vitales. Su ingesta tiene que ser mayor con relación a las proteínas y los lípidos. Durante el embarazo deben constituir entre 50 y 65% del consumo calórico, es decir, un mínimo de 175 g de carbohidratos para cubrir los requerimientos de glucosa para el cerebro del bebé.

Existen dos tipos de carbohidratos: los simples y los complejos. Los primeros los absorbe el organismo rápidamente e inducen a la secreción de insulina; ésta última favorece la estimulación del apetito y provoca fácilmente depósitos de grasa en el cuerpo. Los podemos encontrar en el azúcar, la miel, la leche y las frutas. Es importante ser precavidos al consumir productos dulces, sobre todo los procesados, ya que contienen altas cantidades de carbohidratos simples. Los carbohidratos complejos son aquellos que el organismo utiliza poco a poco, es decir, son de lenta absorción. Éstos se encuentran en los cereales, las legumbres, las pastas y la mayoría de los tubérculos. Generalmente, los productos procesados que son integrales aportan más fibra y nutrientes de mejor calidad que los elaborados con productos refinados.

Alimentos con alto contenido de carbohidratos

Alimento	% de carbohidratos
Pan integral	43.2
Pasta integral	71.9
Arroz integral	77.2
Lentejas	20.2
Frijoles	23.7
Garbanzo	27.4
Papas	21.0

Lípidos

Los lípidos son macronutrientes importantes para el organismo debido a su gran aporte energético y a que ayudan en la absorción de vitaminas liposolubles. Se hallan de manera natural en aceites (maíz, oliva, linaza, aguacate), en semillas y nueces, en productos de origen animal (pescado, huevo, carne, embutidos y manteca) y en lácteos (mantequilla, queso y crema).

A diferencia de los carbohidratos y las proteínas, que aportan 4 kilocalorías por gramo, los lípidos otorgan 9 kilocalorías. Este aporte energético, aunque delicioso, puede hacer que el aumento de peso sea excesivo. No obstante, el limitar drásticamente o eliminar de la dieta las grasas puede ser perjudicial para la salud de la futura madre o del bebé. A través de los lípidos el organismo adquiere elementos que por sí sólo no produce, por ejemplo los aceites omega-3 y omega-6, vitales para el desarrollo del bebé.

Los lípidos están compuestos por ácidos grasos, los cuales pueden dividirse en saturados e insaturados (éstos últimos divididos en monosaturados y poliinsaturados). Las grasas saturadas se encuentran en las grasas animales (excepto las del pescado y huevo) como las provenientes de carnes rojas, de lácteos y alimentos procesados con éstos (queso, crema, helado, entre otros), también en todos los productos fritos, sobre todo los procesados industrialmente. El consumo de las grasas saturadas debe vigilarse, ya que su consumo excesivo aumenta los niveles de colesterol malo en la sangre, provocando problemas vasculares o cardiacos. Por otro lado, las grasas insaturadas aportan ácidos grasos omega-3 y omega-6, benéficos para el bebé; éstos se encuentran en aceites como el de girasol, de maíz, de oliva o de soya, en pescados grasos (salmón, trucha, sardinas), en nueces, semillas y en el aguacate. Además, ayudan al desarrollo del sistema nervioso central del feto más que los saturados.

Porcentaje de tipo de grasa sobre peso total del alimento

Alimento	Grasa saturada	Grasa insaturada
Aceite de oliva	14.0%	84.0%
Aceite de maíz	12.0%	83.0%
Aceite de girasol	11.9%	83.5%
Salmón	0.9%	4.6%
Trucha	0.7%	2.3%
Sardina	1.5%	8.9%
Aguacate	2.3%	11.6%
Nuez	6.2%	62.4%
Almendra	3.7%	42.8%

Los micronutrientes son compuestos que, a diferencia de los macronutrientes, no producen energía, y por tanto no implican calorías. Esto no quiere decir que no sean necesarios para el buen funcionamiento del organismo, ya que son empleados para la salud y la actividad física y cotidiana.

Éstos pueden dividirse en vitaminas y minerales. Los primeros son compuestos orgánicos, intervienen como catalizadores en las reacciones bioquímicas provocando la liberación de energía. Las vitaminas no son sintetizables por el organismo y se hallan en pequeñas cantidades en casi todos los alimentos. Los minerales, por otra parte, son compuestos inorgánicos que ayudan al normal funcionamiento metabólico del cuerpo. A pesar de que sólo el 0.05% del cuerpo está constituido por estos elementos, son altamente indispensables para el organismo y tanto su exceso como su ausencia pueden llegar a ser gravemente perjudiciales para la salud.

Vitaminas

Las vitaminas pueden dividirse en liposolubles e hidrosolubles. Entre las primeras se encuentran las A, D, E y K; y entre las segundas, solubles en agua, la C y todas las del grupo B (B1, B2, B3, B6, entre otras). Cada una de ellas cumple diferentes funciones y deben consumirse en cantidades variables. Una ingesta diversa y equilibrada de alimentos asegura un consumo completo de vitaminas, aunque durante el embarazo es necesario aumentar la cantidad de las vitaminas B9 o ácido fólico y la D.

Importancia de la vitamina B9 o ácido fólico

La importancia del ácido fólico durante el embarazo radica en que el cuerpo lo emplea para multiplicar y regenerar las células, así como para formar los tejidos útero-placentarios y el tubo neural fetal (predecesor del sistema nervioso central); además, incide en la disminución de malformaciones congénitas, así como en el riesgo de que el bebé nazca con espina bífida.

Se recomienda que una mujer embarazada consuma diariamente de 400 a 600 microgramos de ácido fólico (1000 microgramos = 1 miligramo), en especial durante los 6 meses iniciales de gestación. Además los suplementos alimenticios se puede hallar de forma natural, particularmente en las verduras verdes, en los frutos y en algunos productos de origen animal: lechuga, espinacas, brócoli, ejote, granada, fresa, kiwi, semillas de girasol y huevo. Actualmente, en el mercado hay diferentes productos adicionados con ácido fólico; prefiera éstos si los encuentra. [Ver tabla de Alimentos recomendados, pág. 21.]

Es importante precisar que el ácido fólico se degrada si es sometido a ciertos tratamientos; por lo tanto, en los alimentos que lo contengan debe evitar las cocciones por mucho tiempo y en abundante agua, así como su recalentamiento y su almacenamiento a temperatura ambiente. Es mejor consumir los alimentos crudos (siempre que sea posible), cocinarlos brevemente al vapor y conservarlos en refrigeración.

Alimentos ricos en ácido fólico (vitamina B9)

Alimento	Cantidad	Microgramos
Garbanzos	½ taza	141
Ejotes	½ taza	128
Espárragos	½ taza	120
Coles de Bruselas	½ taza	116
Melón	¼ de pieza	100
Cereales fortificados	1 taza / 30 g	100-400
Avena fortificada	½ taza	97

Importancia de la vitamina D

El consumo de vitamina D es necesario en el organismo ya que es un tipo de "suplemento" del calcio que permite su mejor asimilación y fijación en huesos y dientes. Durante el embarazo, esta necesidad se incrementa debido a los requerimientos adicionales de calcio para el desarrollo del feto; la falta de esta vitamina puede provocar que el bebé sea pequeño al nacer, tenga alguna malformación ósea o sus huesos estén mal calcificados.

El consumo diario recomendado de vitamina D es de 5 microgramos (1000 microgramos = 1 miligramo). Éstos se pueden obtener de varios alimentos de origen animal como leche, yema de huevo, pescados grasos e hígado. Es fácil encontrar alimentos adicionados con esta vitamina, incluso productos de origen vegetal como margarinas y leche de almendra o de soya. Otra forma de obtenerla es mediante la exposición al sol entre 5 y 15 minutos diarios; de esta forma nuestro organismo producirá la vitamina (esto puede variar debido al color del piel, pues entre más oscura, menor será la cantidad de vitamina generada).

Esta vitamina resiste bastante las cocciones y los largos periodos de almacenamiento pero se degrada al contacto con la luz y el oxígeno. Se recomienda almacenar los alimentos con vitamina D en lugares oscuros y herméticamente cerrados.

Alimentos ricos en vitamina D

Alimento	Cantidad	Microgramos
Leche (entera o light)	1 taza	2.5
Salmón	90 g	8.5
Atún	90 g	3.7
Hígado de res	90 g	1
Yema de huevo	1 pieza	0.6
Leche de almendra	1 taza	6.2

Minerales

Los minerales se pueden clasificar en macrominerales y microminerales, agrupados de acuerdo con la cantidad que el organismo requiere de cada uno. Dentro de los primeros están los que se requieren cantidades mayores de 100 mg al día, como el sodio, potasio, calcio, fósforo, magnesio y azufre. Dentro de los microminerales encontramos aquellos que el organismo requiere cantidades muy pequeñas, como cobre, yodo, hierro, manganeso, etc. Cada uno de ellos ayuda al organismo de diferente manera y se requieren en diferentes cantidades, pero al igual que las vitaminas, una alimentación variada y equilibrada aportan las cantidades suficientes de minerales que el organismo necesita para su perfecto funcionamiento.

De la amplia gama de minerales destacan dos: el hierro y el calcio.

Importancia del hierro

Este mineral es importante para el organismo, genera el suministro sanguíneo extra para el desarrollo del futuro bebé. La falta de este mineral está asociada a un mayor riesgo de parto prematuro, bajo peso al nacer y bajo rendimiento intelectual; en cuanto a la futura madre, los riesgos conllevan a un aumento en la mortalidad materna, aumento de la fatiga y probabilidades de adquirir anemia.

Al inicio del embarazo usted puede realizarse un análisis de sangre, que detectará si tiene deficiencia de hierro, lo cual puede solucionarse con un suplemento prescrito por el médico.

Una mujer en gestación requiere de un aumento considerable de hierro. La cantidad habitual que una mujer no embarazada necesita es de 15 mg. Al inicio del embarazo la cantidad extra de hierro es de 10 mg. A partir del tercer trimestre, aumenta a un rango de entre 20 y 30 mg por día; esto da un promedio de 27 mg diarios de hierro extra durante todo el embarazo.

El hierro se encuentra en productos de origen animal como carnes magras, huevos y pescado; en leguminosas como lentejas y frijoles, y en otros alimentos como frutos secos. Actualmente es posible adquirir cereales, panes y pastas fortificadas con este mineral. Es importante recalcar que el hierro proveniente de origen animal (denominado hierro hémico) lo absorbe más fácilmente el organismo, y aquel que proviene de origen vegetal (no hémico) es aconsejable complementarlo con alimentos ricos en vitamina C para su mejor absorción.

Alimentos ricos en hierro

Alimento	Cantidad	Miligramos
Hígado	90 g	7.5
Bistec (carne magra)	90 g	3
Frijoles cocidos	½ taza	3
Pescado	90 g	1
Cerdo	90 g	2.7
Cereales fortificados con hierro	1 taza	8
Avena fortificada con hierro	1 taza	8
Espinacas cocidas	½ taza	2.3
Chabacanos deshidratados	½ taza	2.5

Importancia del calcio

El calcio es el mineral con mayor presencia en el organismo. Es esencial para la fortaleza de huesos y dientes, así como para el desarrollo de los sistemas muscular, cardiaco y nervioso. Para las mujeres embarazadas este mineral es muy importante debido a que el feto requerirá alrededor de 30 g de calcio durante todo el embarazo para la formación de sus huesos y dientes. Si no se consume calcio extra en cantidades suficientes el feto comenzará a obtenerlo de los huesos de la madre, lo que originará descalcificación y una posible osteoporosis. Además, la ingesta de este mineral en cantidad adecuada disminuye los riesgos de bajo peso del bebé al nacer y, en la mujer embarazada, reduce el riesgo de padecer hipertensión, preeclampsia y parto prematuro.

La cantidad recomendada de calcio durante el embarazo es de entre 1000 y 1200 mg diarios, cantidad que llega a su máxima necesidad durante el último trimestre. Si bien es recomendable consumir suficiente calcio durante la gestación para no sufrir descalcificaciones, gran parte de lo que se pierde se puede recuperar después del embarazo si su consumo se complementa con vitamina D, necesaria para la asimilación y fijación más eficiente del calcio.

El calcio se encuentra disponible en los lácteos (leche, queso, yogur, crema, jocoque y similares) así como en hojas verdes, tofu y sardinas, siendo los productos lácteos son los que aportan un calcio más asimilable. También puede encontrar infinidad de alimentos enriquecidos con calcio como cereales, leches de cereales, jugos de frutas, entre otros.

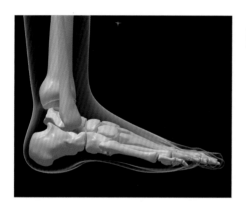

Alimentos ricos en calcio

Alimento	Cantidad	Miligramos
Yogur bajo en grasa	1 taza	413
Leche descremada	1 taza	301
Queso gouda	30 g	200
Espinacas cocidas	½ taza	122
Brócoli	½ taza	36
Tofu	½ taza	260
Leche de soya	1 taza	200-400
Cereales para desayuno fortificados	½ taza	2.3
Jugo de naranja	1 taza	350

Suplementos alimenticios

Cuando se tiene una dieta balanceada en macronutrientes y micronutrientes no es necesario tomar suplementos alimenticios, excepto en etapas de la vida específicas o al desarrollar actividades físicas intensas. Si durante el embarazo presenta nauseas, vómito o el médico detecta bajas cantidades de hierro en su organismo, puede recetarle algunos suplementos. Sin embargo, éstos jamás sustituirán una alimentación sana y una dieta equilibrada.

La mayoría de los suplementos que el médico prescribe compensan la falta de vitaminas, como el ácido fólico, o de minerales como el hierro o el calcio. Rara vez serán multivitamínicos. En el caso de los suplementos que aportan ácido fólico extra al organismo, sobre todo aquéllos que se consumen antes de la concepción, disminuirán considerablemente los riesgos de anomalías en el tubo neural (el predecesor del sistema nervioso central) y de otras malformaciones. En el caso del hierro, es probable que a partir del cuarto o quinto mes de embarazo el doctor recete un complemento en hierro en el caso de anemia o sus reservas de hierro sean muy bajas.

Nota: Los suplementos alimenticios jamás sustituirán una alimentación sana y una dieta equilibrada.

Aunque existen suplementos alimenticios especiales para mujeres embarazadas que se venden sin receta médica, no es recomendable consumirlos sin previa autorización del médico.

Aumento de peso

El aumento de peso durante la gestación es diferente en cada mujer. Es prácticamente imposible determinar cuál es el peso ideal que se debe ganar mes con mes, ya que depende de múltiples factores. Anteriormente se pensaba que lo ideal era pesar 12 kg más que al inicio del embarazo, pero actualmente se cree que el promedio de aumento de peso durante toda la gestación oscila entre los 8 y los 16 kg. Este aumento de peso es señal del buen desarrollo del feto.

Durante los primeros cuatro meses de gestación es cuando el cuerpo de usted comienza a reservar grasa en determinadas partes del cuerpo, sobre todo en el vientre y en los muslos. Por lo tanto, el peso ganado en este periodo corresponderá más al de usted que al del bebé, pues estas reservas de grasa servirán para la crianza en los meses posteriores al parto y al amamantarlo. A partir del cuarto mes el aumento de peso se deberá principalmente al bebé, sobre todo en el tercer trimestre que es cuando más aumenta de peso; a la mitad del embarazo el bebé pesará entre 400 y 500 g y justo antes del parto, entre 3 y 4 kg. Al final del embarazo, el aumento de peso se distribuirá de la siguiente manera:

Aumento del peso durante el embarazo*

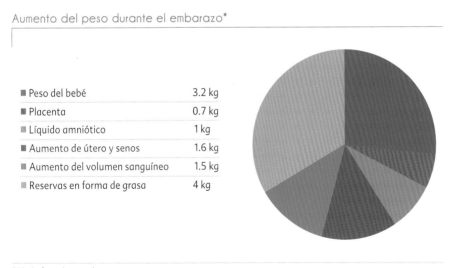

■ Peso del bebé	3.2 kg
■ Placenta	0.7 kg
■ Líquido amniótico	1 kg
■ Aumento de útero y senos	1.6 kg
■ Aumento del volumen sanguíneo	1.5 kg
■ Reservas en forma de grasa	4 kg

* Varía de mujer a mujer.

Índice de masa corporal

El índice de masa corporal (IMC) es una medida que le ayudará a saber si su peso es el idóneo de acuerdo con su estatura. Esta medida se obtiene con el peso en kg dividido por la talla expresada en metros y elevada al cuadrado.

Ejemplo:

$$IMC = \frac{peso\ (Kg)}{(estatura\ (m))^2}$$

$$IMC = \frac{70\ kg}{(1.68\ m)^2} = \frac{70\ kg}{2.8224\ m^2} = 24.8\ kg/m^2$$

En el caso de una mujer adulta un IMC ≥ a 30 kg/m^2 determina obesidad.

El Índice de Masa Corporal (IMC) es de gran utilidad para el diagnóstico del estadio nutricio pregestacional, que servirá como base para establecer metas de ganancia de peso y monitorear cambios en el mismo a lo largo de la gestación.

Sobrepeso

A pesar del necesario aumento de peso durante el embarazo, algunas mujeres intentan evitarlo con dietas. Esta práctica es muy peligrosa, ya que puede disminuir significativamente la ingesta de hierro, ácido fólico y otras vitaminas y minerales esenciales para el desarrollo del bebé. La mejor alternativa para llevar un régimen alimenticio es una dieta equilibrada con un nivel bajo de grasas y azúcares.

Si bien la complexión de cada mujer es diferente, es importante tener en cuenta que un aumento considerable de peso en el embarazo no es alarmante si usted es delgada. Pero cuando se tiene sobrepeso previo a la gestación, es necesario monitorear y controlar los aumentos significativos del mismo.

Para planear un embarazo se recomienda que la futura madre se encuentre en un peso lo más cercano al ideal para que el aumento no interfiera el buen desarrollo del futuro bebé. El sobrepeso u obesidad incrementan las probabilidades de que la futura madre padezca (durante la gestión) hipertensión, preeclampsia o diabetes mellitus gestacional, y en el bebé dificultará el nacimiento si éste es demasiado grande (lo cual es usual cuando la madre presenta sobrepeso). Asimismo, las probabilidades de un parto natural disminuyen y es necesario recurrir a la cesárea; las capas de grasa del abdomen podrían complicar esta operación.

Si está embarazada y tiene sobrepeso deberá vigilar cuidadosamente su alimentación; esto no quiere decir que tendrá que bajar de peso, ya que esto puede ser riesgoso. De hecho no existe evidencia de que bajar de peso durante el embarazo disminuya los riesgos que conlleva el embarazo y el sobrepeso.

Lo más recomendable en este caso es que su doctor la canalice con un nutriólogo para que le oriente sobre una alimentación adecuada a su peso y le recomiende una rutina de actividades físicas.

Nota: En el caso de presentar obesidad, la alimentación no deberá ser restringida en calorías; simplemente deberá hacer énfasis en la calidad de los alimentos más que en la cantidad.

Alimentos peligrosos

A diferencia de los alimentos que es preferible restringir o sustituir durante el embarazo, como azúcares refinados, grasas saturadas o cárnicos no magros, existen alimentos que es recomendable eliminar de la dieta por ser potencialmente peligrosos para la salud de la futura madre o del bebé.

Alimentos peligrosos durante el embarazo

Leche sin pasteurizar	Charcutería artesanal	Huevo crudo
Quesos elaborados con leche cruda	Paté	Pescados (algunos)
Pescado crudo	Alcohol	Carne cruda

Alcohol

Es indispensable evitar el alcohol durante el embarazo ya que al ingerirlo se traslada al torrente sanguíneo, llega a la placenta y, por ende, al bebé. El hígado es el organismo que procesa el alcohol en nuestro organismo, acción que no puede desarrollar el bebé debido a que este órgano es uno de los últimos en desarrollarse (hasta la segunda mitad del embarazo) y entonces tarda el doble de tiempo en eliminarlo en comparación con un adulto.

La ingesta de alcohol puede provocar en el bebé el Síndrome Alcohólico Fetal, que es un trastorno que genera bajo peso al nacer, además de poco crecimiento, malformaciones faciales, del corazón y del sistema nervioso central, así como desórdenes de conducta y de aprendizaje. Cuando se consume alcohol durante los primeros tres meses, las probabilidades de sufrir un aborto aumentan considerablemente.

Según el Colegio Real de Ginecólogos y Obstetricias del Reino Unido, se puede ingerir una cierta dosis de alcohol durante el embarazo sin que acarree problemas al feto o bebé. Ésta no deberá exceder las siguientes cantidades: 25 ml de cualquier destilado (tequila, brandy, ron, whiskey, etc.), 120 ml de cerveza o 175 ml de vino. Estas dosis estarán permitidas una o máximo dos veces por semana, y en ningún caso se podrá llegar a un estado etílico. Sin embargo, lo más recomendable es eliminar la ingesta de alcohol durante todo el embarazo.

Productos de origen animal

Existen algunos pescados que es preferible eliminarlos de la dieta o limitar su consumo debido a los altos niveles de mercurio que pueden transmitir al feto, lo que provocaría un daño en su sistema nervioso. Debe eliminar de su dieta el cazón, el marlín y el pez espada, y limitar el consumo a dos porciones por semana de pescados grasos como el salmón, la sardina o la trucha; el atún deberá limitarlo a 140 g por semana, ya sea fresco o de lata, drenado. Si el pescado que adquiere es orgánico, puede tener la confianza de consumirlo.

Debe ser precavida al preparar o ingerir cualquier tipo de carne, marisco, crustáceo o producto derivado para prevenir cualquier problema de intoxicación o infección. El pollo, los mariscos y los crustáceos deben estar siempre completamente cocidos, así eliminará posibles bacterias que estén presentes en estos productos. Si ingiere pollo o huevo que no estén bien cocidos, el riesgo de adquirir una salmonelosis es significativo; ésta no afectará a su bebé, pero causará diarrea y/o vómito. En el caso de las carnes rojas, de no estar completamente cocidas es probable adquirir ciertas enfermedades. Las siguientes pueden afectar directamente al bebé:

Riesgos

Toxoplasmosis

La toxoplasmosis es una infección parasitaria causada por el protozoario *Toxoplasma gondii*; se puede adquirir por la ingesta de carnes crudas o no totalmente cocidas y a través de la superficie de frutas y verduras crudas no desinfectadas. A pesar de que una fuente de transmisión del parásito son los alimentos, el contacto con las heces de gato es una de las causas más comunes para adquirirlo. Al procesar los embutidos en ocasiones éstos están crudos o sólo son parcialmente cocinados, por lo que debe asegurarse de cocinarlos a la perfección o congelarlos por al menos 4 días antes de consumirlos (el congelamiento elimina la mayoría de los parásitos). A pesar de que los riesgos de contraer toxoplasmosis son bajos, los problemas que puede acarrear el feto son graves: ceguera, retraso mental, convulsiones y hasta muerte.

Listeriosis

La listeriosis es una infección causada por la bacteria *Listeria monocytogenes*; esta infección se puede adquirir durante el embarazo por la ingesta de ciertos alimentos. Los principales productos causantes de esta infección son la leche cruda y los quesos elaborados con ésta, la charcutería artesanal, los patés, los pescados y los crustáceos crudos y la carne cruda o no completamente cocida. Son igual de peligrosos los vegetales crudos mal lavados, como la col, y la charcutería (artesanal o no) si no se mantuvo en adecuada refrigeración.

Si bien las personas más vulnerables a esta enfermedad son los niños, los adultos de la tercera edad y aquellos con bajas defensas; las mujeres embarazadas tienen 20 veces más probabilidades que el resto de la población de desarrollar listeriosis.

El modo en que un bebé en gestación puede infectarse de listeriosis es cuando la bacteria ingresa al organismo de la madre por el torrente sanguíneo y posteriormente se transmite al bebé mediante la placenta. Los efectos de la infección en la madre pueden tardar en aparecer después de la ingesta del alimento contaminado; estos efectos suelen pasar desapercibidos por parecerse a los achaques comunes del embarazo: dolor de cabeza, fiebre, cansancio, dolores musculares, nauseas y diarrea. Sin embargo, las consecuencias de esta infección recaen mayoritariamente en el bebé, ya que puede generarse un parto prematuro, aborto espontáneo, infección del bebé al nacer o nacimiento de éste, pero muerto. Es notable que el 22% de los casos de infección por listeriosis en una mujer embarazada resulten en la muerte del bebé.

Alergias

Una de las creencias más arraigadas durante el embarazo gira en torno a las alergias que el recién nacido puede adquirir si la futura madre se alimenta con determinados alimentos. El caso de los cacahuates es posiblemente el más conocido, ya que se tiene la creencia de que al ser ingeridos, algún compuesto de los mismos se transmite por la placenta al feto, originando la alergia. Esto es completamente falso.

Existen estudios que demuestran que mujeres embarazadas que evitaron el consumo de alimentos hacia los cuales se presentan alergias potenciales, como leche o huevos, no redujeron las posibilidades de que su bebé presentara la alergia. Por otro lado, se ha comprobado que las probabilidades de desarrollar una alergia disminuyen cuando la madre amamanta al bebé por seis meses. A pesar de ello, es razonable si tiene alguna reticencia por consumir algún alimento, y más si existen casos de alergia en la familia. En ese caso, es preferible consultar a su médico para que aconseje sobre el consumo de dicho alimento.

Vegetarianismo

Si es vegetariana, realizando una dieta cuidadosa puede cubrir los requerimientos nutricionales para usted y su bebé sin necesidad de ingerir productos cárnicos ni sus derivados. De los tres macroelementos, la proteína es el compuesto que proviene en su mayoría de alimentos cárnicos, así como el hierro.

Proteína vegetal

Las proteínas están compuestas por aminoácidos que pueden ser esenciales y no esenciales. Los del primer tipo son los que nuestro cuerpo no produce y necesitamos obtener de lo que consumimos. Los alimentos de origen animal (huevo, carne, pescado, leche) son aquellos con mayor cantidad de aminoácidos esenciales, y los de origen vegetal (soya, arroz, trigo, maíz, leguminosas) contienen menor cantidad de éstos. Al ser las proteínas de origen vegetal deficientes para el organismo, es necesario suplementarlas para aumentar su valor biológico.

El método de suplementación consiste en mezclar proteínas de bajo valor biológico para potenciar su efecto. Es necesario realizar una mezcla de dos o más de los siguientes grupos para lograr adquirir una proteína de alto valor: leguminosas + cereales integrales + semillas.

Método de suplementación proteínico vegetal

Alimentos			Ejemplo		Platillo
Leguminosa	+	Cereal integral	Frijol + Maíz		Taco de frijoles refritos
Leguminosa	+	Semilla	Garbanzo + Ajonjolí		Hummus libanés
Cereal integral	+	Semilla	Trigo + Almendras		Cereal con frutos secos

De este modo, al mezclar estos alimentos se puede adquirir una proteína de alta calidad.

Hierro

El hierro se clasifica en hierro hémico y hierro no hémico. El primero es de origen animal y el organismo absorbe entre 15 y 35%, mientras que el segundo es de origen vegetal y el cuerpo absorbe entre 2 y 20%.

Para obtener la mejor absorción de hierro, sobre todo cuando se es vegetariana, hay que complementar el consumo de hierro vegetal con alimentos ricos en vitamina C, ya que ésta ayuda a la absorción del primero; algunos alimentos ricos en vitamina C son: guayaba, pimiento, kiwi, brócoli, papaya, naranja, entre otros. Además, es importante no ingerir alimentos que inhiban la absorción del hierro no hémico; entre aquéllos destacan el té, el café, la leche, la clara de huevo, el orégano, el tofu y el chocolate.

Importancia del agua

Mantenerse hidratada durante el embarazo es imprescindible, ya que los líquidos en el organismo aumentan durante esta etapa. El tomar suficientes líquidos ayuda a la futura madre a evitar estreñimiento y a eliminar toxinas y desechos del organismo, así como la prevención de infecciones urinarias. El bebé también necesita agua, ya que al igual que cualquier organismo vivo está constituido en gran porcentaje por ella.

La recomendación de ingesta diaria de líquidos es de 1.5 l de agua o más en caso de que retenga líquidos o viva en lugares muy calurosos. Este consumo de agua no sólo se suple al beberla directamente, sino también al beber otros líquidos como leche, aguas de frutas (de preferencia sin azúcar añadida), jugos de frutas o verduras (naturales de preferencia) y café o té. Evite las bebidas demasiado azucaradas como refrescos y jugos procesados.

Procure que el consumo de agua en el transcurso del día sea continuo y no sólo entre comidas; evite beber mucho antes de las comidas principales, ya que sentirá saciedad y esto impedirá que consuma una ración ideal de alimentos. Si no está habituada a consumir agua natural, puede agregarle unas gotas de jugo de algún cítrico, así como aromatizarla con alguna hierba fresca como albahaca, hierbabuena o menta.

Alimentos estimulantes: café, té y chocolate

Estos tres productos se caracterizan por tener una sustancia activa, junto con algunas bebidas energéticas, que es ampliamente consumida y demandada a nivel mundial: la cafeína. Aunque ésta se encuentra en diferentes proporciones tanto en el café como en el té y el chocolate, se debe regular el consumo de estos productos durante el embarazo, ya que en exceso pueden acarrear problemas como bajo peso del recién nacido (lo cual le puede provocar problemas en el corazón a largo plazo) y en casos extremos, aborto. Además, el café tiene un efecto diurético, lo cual provoca que se eliminen sustancias indispensables para el organismo de la futura madre y del bebé, como agua y calcio.

La Asociación Dietética Americana establece 300 mg como máximo de ingesta diaria de cafeína para una mujer embarazada, mientras que la Agencia de Normas Alimentarias del Reino Unido establece el máximo en 200 mg diarios. Esta cantidad de cafeína se puede calcular fácilmente con la siguiente tabla:

Cantidad de cafeína por producto

Alimento	Unidad	mg
Café soluble	1 taza	100
Café de grano	1 taza	140
Té infusionado 3 minutos	1 taza	75
Refresco de cola	1 lata	40
Bebida energética	1 lata	80
Chocolate amargo	50 g	50
Chocolate con leche	50 g	25

Con esta tabla puede calcular cuánta cafeína puede consumir diariamente, incluso si prepara bebidas como chocolate con leche. Así, puede consumir de 1 a 2 tazas diarias de café, cantidad que disminuirá en el transcurso del embarazo. No es indispensable eliminar por completo y de inmediato el consumo de cafeína; si usted es muy asidua a consumir productos que la contengan, intente consumir los mismos productos pero en su versión descafeinada. Los cafés descafeinados presentan casi las mismas propiedades aromáticas y de sabor que uno tradicional.

En el caso de las infusiones, lea la etiqueta de ingredientes, ya que en ocasiones no se trata de un té. En México es común confundir el término té con infusión. El primero es la planta llamada té (que es el que contiene cafeína), y el segundo alguna flor (manzanilla, azhar), planta (hierbabuena, mejorana), fruto (naranja, fresa) o especia (canela, cardamomo). Usted misma puede preparar las infusiones en casa.

Endulzantes

Aunque los sustitutos de azúcar no proveen al organismo de ningún valor nutrimental (vitaminas, minerales o calorías) pueden ser un buen sustituto del azúcar estándar para evitar consumir carbohidratos refinados en exceso.

Edulcorantes como el aspartame, la sacarina, la sucralosa, el acesulfamo-K, el sorbitol y el manitol se utilizan ampliamente en la industria alimenticia para endulzar diversos productos. Si bien su consumo está generalizado y se consideran completamente inocuos, cabe destacar que el manitol y el sorbitol pueden provocar diarrea si se consumen en exceso.

Aún no hay estudios sobre el efecto del consumo de sacarina en mujeres embarazadas, por lo que es preferible abstenerse de este sustituto de azúcar. En cuanto a los otros edulcorantes, no existen aún estudios generalizados que hayan comprobado daños al consumirlos.

Alimentos recomendados

Producto	Alimento	Hierro	Calcio	Vit. B9	Vit. D
Lácteos	Leche		x		x
	Queso blanco		x		
	Yogur		x		x
	Jocoque		x		
Proteínas	Carne roja magra	x			
	Pescado	x			
	Huevo	x			
	Pulpo	x			
	Almeja	x			
	Mejillones	x			
	Ostiones	x			
	Venado	x			
	Charales		x		
	Moluscos	x			
	Hígado	x		x	
	Pavo	x			
	Sardina	x	x		x
	Arenque				x
	Camarones	x			x
	Salmón				x
Carbohidratos	Cereales fortificados			x	x
	Quinoa	x		x	
	Maíz			x	
	Arroz salvaje			x	
	Maíz nixtamalizado	x		x	
	Avena	x			
	Salvado	x			
	Pan integral			x	
Legumbres	Lentejas	x		x	
	Frijoles	x		x	
	Garbanzos	x	x	x	
	Alubias		x		
Verduras	Chícharos			x	
	Pimientos			x	

Producto	Alimento	Hierro	Calcio	Vit. B9	Vit. D
Verduras	Lechuga			x	
	Arúgula			x	
	Alcachofa			x	
	Endibia			x	
	Brócoli			x	
	Coles de Bruselas			x	
	Betabel			x	
	Aguacate			x	
	Acelgas	x			
	Perejil	x		x	
	Berros		x		
	Nopales		x		
	Quelites	x	x		
	Habas			x	
	Espinaca	x	x	x	
	Ejotes	x			
	Espárragos			x	
	Hojas verdes			x	
Frutas	Papaya			x	
	Guayaba			x	
	Fresa			x	
	Granada			x	
	Frambuesa			x	
	Maracuyá	x		x	
	Kiwi			x	
Frutos secos y semillas	Semillas de girasol			x	
	Ajonjolí	x	x		
	Almendras		x		
	Avellanas		x		
	Leche de soya		x		x
Otros	Alga nori			x	
	Setas	x		x	
Lípidos	Aceite de soya	Lípido recomendado			

Limitar consumo

Producto	Alimento
Lácteos	Leche entera, quesos maduros, crema
Proteínas	Carnes rojas grasas, pollo con grasa
Carbohidratos	Pan blanco, cereales refinados, pan dulce, galletas, dulces, jarabes
Lípidos	Mantequilla, grasas de origen animal
Otros	Germinados

No consumir

Alimento
Lácteos con leche cruda
Pescado crudo
Charcutería artesnal
Alcohol

Primer trimestre

Desarrollo del feto
1, 2 y 3 meses

El primer trimestre comprende desde el momento de la concepción hasta la semana 13. Durante este periodo el feto pasa de ser una célula microscópica a un pequeño feto antropomorfo con la mayoría de sus órganos ya en proceso de formación y listo para comenzar a crecer. A la semana 6 comenzará a presentar latidos a un ritmo de 150 pulsaciones por minuto (el doble que el de un adulto), aunque el corazón no esté aún formado. Para la semana 12 el feto habrá crecido alrededor de 10 centímetros (el tamaño de medio plátano) y habrá desarrollado uñas y encías.

Mes 1

Después de que el esperma haya penetrado el óvulo, se habrá dividido en 16 células, tomando la forma de una pequeña zarzamora (mórula). Para el día 6 se implantará a las paredes del útero y se le denominará embrión. Durante la siguiente semana el embrión comenzará a tener una estructura compleja y a multiplicar sus células. Formará tres capas de células (endodermo, ectodermo y mesodermo), cada una de ellas responsable de la formación de un tipo de células y de futuros órganos, los cuales comienzan a definirse y empieza a formarse la cabeza. Aparece el cordón umbilical para nutrir al embrión, que llega a medir 5 mm.

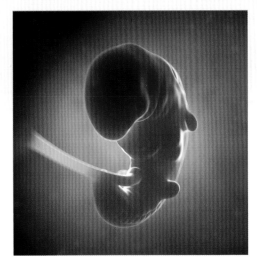

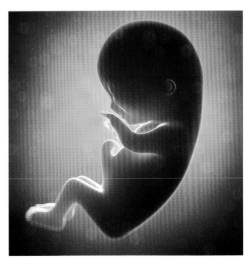

Mes 2

Durante este mes el embrión adquirirá forma definida. El corazón comienza su desarrollo, al igual que el estómago, los intestinos, el páncreas y el aparato urinario. Se forman los brazos, piernas, pies y dedos. Las glándulas sexuales se desarrollan, al igual que los músculos, los nervios y la estructura ósea. Algunos rasgos de la cara empiezan a definirse, como los ojos, y aparecen las cavidades donde estarán orejas, nariz y boca. La placenta, el lugar donde el embrión crecerá, se termina de desarrollar. El tamaño del embrión es de 2.5 cm y su peso es de 3 gramos.

Mes 3

En este mes el periodo embrionario termina y se le puede denominar feto al futuro bebé. Esto ocurre debido a que los órganos, si bien no están completamente desarrollados, han aparecido. La talla del feto durante este mes será de aproximadamente 10 cm. En este periodo el cerebro se divide en dos lóbulos, el aparato sexual aparece (aún no diferenciable entre masculino y femenino), los labios comienzan a distinguirse, los párpados cubren los ojos y la boca puede abrirse y cerrarse. Los miembros se alargan, sobre todo los brazos, y el pulgar se separa de los demás dedos.

Cuidados durante el primer trimestre

Debido a que el cuerpo de la mujer cambia para poder alojar al feto que comienza su desarrollo, ocurren grandes cambios hormonales, que generan los síntomas más característicos del embarazo, como nauseas, vómito y cansancio. Entre los cambios más significativos se encuentran los siguientes:

* El útero comenzará a expandirse para recibir al feto en desarrollo; pasará de su tamaño original antes del embarazo (dimensión similar a un puño pequeño), al tamaño de una toronja para la semana 6.

* El crecimiento del útero empujará la vejiga, lo que resultará en el aumento de la necesidad de orinar.

* Algunos músculos y ligamentos del bajo abdomen crecerán y se estirarán para soportar el aumento del tamaño del útero; ello desembocará en dolores en la misma área.

* Los senos crecen, lo que podrá originarle dolores, y en ocasiones la necesidad de un sostén de talla más grande hacia el final del trimestre.

* La cantidad de sangre en su organismo habrá aumentado para la séptima semana 10% más que antes del embarazo (y para la última semana del 1er. trimestre, entre 40 y 45%).

Es importante agendar una cita con el ginecólogo entre la semana 8 y 10 del embarazo para programar el primer ultrasonido, que generalmente se realiza entre la semana 10 y 14. Este ultrasonido no solamente

confirmará las semanas de embarazo que lleva, sino que hará saber si usted está esperando más de un bebé. Algún ultrasonido podrá programarse antes de esta fecha si presenta situaciones especiales, como dolor, sangrado o si ha tenido algún aborto anteriormente.

Los cambios emocionales también están presentes: puede fluctuar de la alegría y la emoción a la ansiedad y el desconcierto. Trate de disfrutar estas primeras semanas lo máximo; está al inicio de una gran experiencia.

Alimentación

Es importante que dedique atención a su alimentación durante el primer trimestre para conservar su salud en óptimas condiciones y proveerle al futuro bebé de los nutrientes que necesita. Quizá tenga algunas dificultades con el apetito, pues éste puede disminuir significativamente si presenta nauseas, lo que ocasionará que rechace algunos alimentos o no los consuma en cantidades suficientes.

La OMS (Organización Mundial de la Salud) recomienda consumir 5 porciones de frutas y verduras al día para llevar una dieta saludable. Si usted no está acostumbrada a ingerirlas asiduamente, consuma primero las que más le gustan, integrándolas a platillos como desayunos, guisados en la comida o como guarniciones para la cena. Esto ayudará a integrar otras frutas y verduras durante todo el embarazo.

Durante el primer trimestre es crucial el consumo de alimentos con ácido fólico, pues es cuando más se requiere para evitar la posible aparición de espina bífida. Recuerde que el calor en los alimentos destruye esta vitamina, así que procure consumirlos crudos o al vapor.

A pesar de que podría tener pocos deseos de comer, trate de no se saltarse comidas, ya que es preferible comer varias veces al día que hacer sólo 1 o 2 comidas grandes para toda la jornada. Durante este trimestre no es necesario un consumo extra de calorías, por lo que "comer por dos" no aplica para este trimestre.

Bruschettas de jocoque, jitomate cherry y berros

Rendimiento: 2 porciones • Preparación: 20 min • Cocción: 8 min

Ingredientes

1   cucharada de vinagre de manzana
2   cucharadas de aceite de oliva
2   pizcas de sal
2   pizcas de pimienta negra molida
1   taza de jitomates cherry, partidos por la mitad
1   taza de hojas de berros
½   *baguette* pequeña
½   taza de jocoque seco

Procedimiento

1. Combine en un tazón el vinagre de manzana con el aceite de oliva, 1 pizca de sal y 1 pizca de pimienta negra molida hasta que los ingredientes se emulsionen. Añada los jitomates cherry y los berros, mezcle y reserve.

2. Mezcle en otro tazón el jocoque seco con la sal y la pimienta restantes y reserve.

3. Corte la *baguette* en rebanadas de 2 centímetros y tuéstelas por ambos lados en un comal o sartén a fuego medio. Retírelas del fuego y úntelas con el jocoque; coloque encima los jitomates y los berros, báñelas con la vinagreta restante y sírvalas.

Coctel de frutas

Rendimiento: 2 porciones • Preparación: 15 min

Ingredientes

¼   de taza de jugo de arándano
1   cucharada de miel de agave
1   taza de zarzamoras
½   taza de melón, sin cáscara ni semillas, cortado en láminas
1   kiwi pelado, cortado en cubos medianos

Procedimiento

1. Mezcle en un tazón el jugo de arándano con la miel de agave; incorpore las zarzamoras, los cubos de melón y de kiwi.

2. Sirva el coctel en un tazón de cristal.

Nota: Acompañe este desayuno con 1 vaso (300 ml) de leche de soya.

Sincronizada de requesón y jamón

Rendimiento: 2 porciones • Preparación: 10 min • Cocción: 10 min

Ingredientes

Guacamole

la pulpa de 1 aguacate

1   cucharada de cebolla picada

1   cucharada de cilantro picado

el jugo de 1 limón

1   cucharada de mango cortado
    en cubos pequeños

sal al gusto

Sincronizada

4   tortillas de harina de trigo

4   cucharadas de frijoles bayos
    refritos, calientes

2   cucharadas de requesón

2   rebanadas de jamón de pechuga
    de pavo

Procedimiento

Guacamole

1. Coloque la pulpa del aguacate en un tazón y ma-cháquela con un tenedor hasta obtener una pasta tersa. Agregue la cebolla y el cilantro picados, el jugo de limón y sal al gusto; mezcle hasta incorporar todos los ingredientes.
2. Espolvoree los cubos de mango picado sobre el guacamole y resérvelo.

Sincronizada

1. Unte dos tortillas de harina con 2 cucharadas de frijoles refritos cada una; colóqueles encima 1 rebanada de jamón de pavo, úntelas con 1 cucharada de requesón y cúbralas con las tortillas de harina restantes.
2. Caliente las sincronizadas en un comal hasta que se doren ligeramente por ambos lados. Sírvalas acompañadas con el guacamole.

Jugo verde

Rendimiento: 2 porciones • Preparación: 5 min

Ingredientes

½ taza de hojas de perejil

1   taza de hojas de alfalfa

½ rama de apio

½ nopal mediano

1   taza de piña cortada en trozos
    medianos

el jugo de 1 limón

Procedimiento

1. Licue todos los ingredientes hasta obtener una mezcla homogénea; si fuera necesario agregue un poco de agua.
2. Sirva el jugo en vasos de cristal.

Nota: No cuele el jugo; así consumirá la fibra de los vegetales.

Molletes con pico de gallo

Rendimiento: 2 porciones ◆ Preparación: 20 min ◆ Cocción: 15 min

Ingredientes

Pico de gallo

- 2 jitomates guaje sin semillas, cortados en cubos pequeños
- 2 cucharadas de cebolla picada
- 1 chile verde sin semillas ni venas, picado
- 3 ramas de cilantro picadas finamente (opcional)
- el jugo de 1 limón
- ½ taza de piña cortada en cubos pequeños
- sal al gusto

Molletes

- 1 bolillo
- ¼ de taza de frijoles bayos refritos
- 2 rebanadas delgadas de queso manchego

Procedimiento

Pico de gallo

1. Mezcle todos los ingredientes en un tazón y reserve.

Molletes

1. Precaliente el horno a 180 °C.
2. Parta el bolillo por la mitad de manera horizontal. Unte cada mitad con los frijoles refritos y coloque encima de cada una 1 rebanada de queso manchego.
3. Ponga los molletes en una charola para hornear y hornéelos hasta que el queso se derrita y el pan se dore ligeramente.
4. Saque los molletes del horno y sírvalos acompañados con la salsa pico de gallo.

Coctel de frutas con queso cottage y polen

Rendimiento: 2 porciones ◆ Preparación: 5 min

Ingredientes

- ½ taza de fresas cortadas en cuartos
- 1 durazno cortado en rebanadas delgadas
- ½ taza de piña cortada en cubos pequeños
- 2 cucharadas de miel de abeja
- ½ taza de queso *cottage*
- 2 cucharadas de polen

Procedimiento

1. Coloque todas las frutas en un recipiente y mézclelas con la miel de abeja.
2. Sirva el coctel de frutas con el queso *cottage* y el polen espolvoreado por encima.

Salpicón de res

Rendimiento: 2 porciones ◆ Preparación: 40 min

Ingredientes

- 3 cucharadas de aceite de oliva
- 1 cucharada de vinagre blanco
- 1 cucharada de jugo de limón
- 1 cucharadita de orégano seco
- 1 cucharadita de sal
- 1 pizca de pimienta negra molida
- ¼ de cebolla morada fileteada
- 300 gramos de falda de res cocida, deshebrada
- 2 jitomates cortados en tiras
- 2 tazas de lechuga romana fileteada
- 4 tostadas de maíz horneadas
- la pulpa de ½ aguacate cortada en rebanadas
- c/s de hojas de cilantro

Procedimiento

1. Mezcle en un recipiente pequeño el aceite de oliva, el vinagre blanco, el jugo de limón, el orégano, la sal y la pimienta. Agregue la cebolla fileteada y déjela desflemarse durante 5 minutos.
2. Combine en un tazón la carne deshebrada, las tiras de jitomate y la lechuga fileteada. Agregue la cebolla junto con la vinagreta y mezcle bien.
3. Realice tostadas con el salpicón, sírvalas con las rebanadas de aguacate y decore con hojas de cilantro.

Pannacotta de yogur con granada

Rendimiento: 2 porciones ◆ Preparación: 10 min ◆ Cocción: 2 min ◆ Reposo: 2 h

Ingredientes

- 1 cucharada de grenetina en polvo
- 2 cucharadas de agua
- 1½ tazas de yogur natural sin azúcar
- 2 cucharadas de miel de abeja
- 1 cucharadita de extracto de vainilla
- ½ taza de granos de granada roja
- hojas de menta para decorar

Procedimiento

1. Mezcle en un tazón la grenetina con el agua y déjela reposar durante 5 minutos. Funda la grenetina en el microondas.
2. Caliente ½ taza de yogur en una cacerola pequeña sin que hierva. Agregue la miel de abeja, el extracto de vainilla y la grenetina fundida; mezcle perfectamente hasta integrar todos los ingredientes. Retire la preparación del fuego e incorpórele el yogur restante.
3. Distribuya la mezcla de yogur y grenetina en 2 moldes y refrigérelos durante 2 horas o hasta que las *pannacottas* cuajen
4. Desmolde las *pannacottas* al momento de servir y decórelas con los granos de granada y las hojas de menta.

Nota: Complemente esta comida con una crema de frijol bayo y chile ancho (ver pág. 107).

Pescado empapelado con verduras

Rendimiento: 2 porciones • Preparación: 10 min • Cocción: 15 min

Ingredientes

- 2 filetes de pescado blanco (robalo, huachinango, pargo) de 150 g c/u
- 2 cucharadas de aceite de oliva
- 6 rebanadas de limón
- 4 cebollas cambray partidas por la mitad
- 1 zanahoria cortada en tiras delgadas
- 6 ejotes
- 1 pimiento morrón rojo sin semillas, cortado en tiras delgadas
- 2 ramas de tomillo
- 3 ramas de hinojo
- sal y pimienta blanca molida, al gusto
- ensalada de jitomate, elote y garbanzo (ver pág. 72)

Procedimiento

1. Precaliente el horno a 200 °C. Corte 2 cuadrados de papel aluminio de 30 cm de largo.
2. Coloque encima de cada cuadro de papel aluminio 1 filete de pescado, salpimiéntelo por ambos lados y distribuya encima el aceite de oliva, las rebanadas de limón, las cebollas cambray, la zanahoria, los ejotes, el pimiento, el tomillo y el hinojo.
3. Doble el papel aluminio a la mitad sobre sí mismo y pliegue las tres orillas abiertas para sellarlas como si fuera un sobre.
4. Coloque los paquetes de aluminio en una charola para hornear y hornéelos durante 15 minutos. Retírelos del horno y déjelos reposar por 5 minutos. Abra los paquetes con cuidado para evitar quemarse con el vapor caliente y sirva el pescado empapelado con la ensalada de garbanzos.

Raspado de fresas y frambuesas

Rendimiento: 2 porciones • Preparación: 20 min • Reposo: 1 noche

Ingredientes

- 1 taza de agua
- 2 cucharadas de azúcar
- 1 taza de fresas
- ½ taza de frambuesas + c/s para decorar
- el jugo de ½ limón
- 4 hojas de menta

Procedimiento

1. Ponga sobre el fuego un cazo con el agua. Cuando comience a hervir agréguele el azúcar y mezcle hasta que se disuelva por completo. Retírela del fuego y déjela enfriar.
2. Licue las fresas, las frambuesas, el jugo de limón y el agua con azúcar hasta obtener una mezcla homogénea. Viértala en un recipiente con tapa y congélela durante toda una noche.
3. Saque la mezcla del congelador y trocéela con un picahielos. Coloque los trozos en un procesador de alimentos o en una licuadora y pulse repetidamente el botón de encendido hasta obtener la consistencia de un raspado.
4. Sirva el raspado en tazones individuales y decórelo con las frambuesas y las hojas de menta.

Nota: Complemente esta comida con una sopa de poro y papa (ver pág. 110).

Gazpacho

Rendimiento: 2 porciones ◆ Preparación: 5 min ◆ Reposo: 12 h

Ingredientes

Para la decoración

- 2 jitomates cherrys
- 1 rodaja gruesa de pepino cortada en cuatro
- 2 cubos de cebolla de 2 x 2 cm
- 2 cubos de pimiento de 2 x 2 cm

Para el gazpacho

- 4 jitomates cortados en trozos medianos
- ¼ de pepino con cáscara, sin semillas y picado
- ½ pimiento morrón rojo sin semillas, cortado en trozos medianos
- ¼ de cebolla
- ½ diente de ajo
- 3 cucharadas de aceite de oliva
- 1 cucharada de vinagre de manzana
- ½ bolillo duro
- sal al gusto

Procedimiento

Para la decoración

1. Inserte 1 jitomate cherry en un palillo o brocheta pequeña y realice el mismo procedimiento con el pepino, la cebolla y el pimiento. Reserve.

Para el gazpacho

1. Mezcle en un tazón todos los ingredientes, excepto la sal; cúbralo y refrigere durante toda 1 noche.

2. Licue todos los ingredientes al día siguiente y agregue sal al gusto; deberá obtener una preparación tersa y un poco espesa, si fuera necesario añada un poco de agua.

3. Sirva el gazpacho frío en un vaso o en un tazón y adorne con la decoración.

Pollo almendrado con arroz integral

Rendimiento: 2 porciones ◆ Preparación: 10 min ◆ Cocción: 50 min

Ingredientes

- 1 cucharada de aceite
- ¼ de cebolla partida en trozos
- 3 jitomates cortados en trozos
- 1½ tazas de caldo de pollo
- 1 taza de almendras sin piel, tostadas
- 1 chile ancho sin semillas ni venas, hidratado en agua caliente
- 1 pizca de clavo molido
- 1 pizca de canela molida
- 1 pierna de pollo con muslo, sin piel
- 1 taza de arroz integral cocido
- 1 cucharada de almendras fileteadas
- sal y pimienta negra molida, al gusto

Procedimiento

1. Ponga sobre el fuego una olla mediana con el aceite y sofría la cebolla hasta que esté traslúcida. Agregue el jitomate y continúe la cocción por 10 minutos más, moviendo ocasionalmente.

2. Retire el sofrito del fuego y lícuelo con el caldo de pollo, las almendras, el chile ancho y las especias hasta que obtenga una salsa tersa y espesa.

3. Regrese la salsa a la olla, agregue sal y pimienta al gusto y déjela hervir a fuego bajo durante 10 minutos. Incorpore el pollo, tape la olla y continúe la cocción por 30 minutos más, o hasta que el pollo esté bien cocido. Verifique la cantidad y la consistencia de la salsa; si es necesario, añada un poco más caldo de pollo. Retire la preparación del fuego.

4. Sirva el pollo, báñelo con el almendrado, adorne con las almendras fileteadas y acompañe con el arroz integral.

Gelatina de leche con té matcha

Rendimiento: 2 porciones ◆ Preparación: 5 min ◆ Cocción: 10 min ◆ Reposo: 2-4 h

Ingredientes

- 1 sobre (7 g) de grenetina en polvo
- ¼ de taza de agua
- 2 tazas de leche
- 2 cucharadas de miel de agave
- 2 cucharadas de té matcha

Procedimiento

1. Mezcle la grenetina en polvo con el agua y déjela reposar durante 5 minutos.
2. Ponga sobre el fuego una olla mediana con la leche; cuando hierva, retírela del fuego y agregue la grenetina, la miel de agave y el té matcha. Mezcle hasta que la grenetina se disuelva y déjela reposar durante 5 minutos.
3. Cuele la preparación y viértala dentro de 2 vasos de vidrio; refrigérelos durante 4 horas o hasta que la gelatina cuaje. Desmolde y sirva.

Ensalada de pepino con aderezo de yogur

Rendimiento: 2 porciones ◆ Preparación: 25 min

Ingredientes

Aderezo de yogur

1 taza de yogur natural sin azúcar

el jugo de 1 limón

6 hojas de menta picadas finamente

½ diente de ajo picado finamente

sal y pimienta negra molida, al gusto

Ensalada de pepino

1 pepino

¼ de cebolla morada fileteada

1 taza de arúgula

4 hojas de lechuga francesa troceadas

½ aguacate cortado en rebanadas delgadas

2 cucharadas de ajonjolí negro

Procedimiento

Aderezo de yogur

1. Mezcle todos los ingredientes con un batidor globo y reserve en refrigeración.

Ensalada de pepino

1. Corte el pepino por la mitad a lo largo y después en rebanadas delgadas.

2. Mezcle las rebanadas de pepino con la cebolla, la arúgula, las hojas de lechuga y las rebanadas de aguacate. Vierta el aderezo y mezcle hasta cubrir bien todos los ingredientes de la ensalada.

3. Sirva la ensalada de pepino y espolvoréela con el ajonjolí negro.

Pasta con chícharos y pollo

Rendimiento: 2 porciones ◆ Preparación: 10 min ◆ Cocción: 20 min

Ingredientes

1 cucharada de aceite de canola

¼ de cebolla troceada

1 diente de ajo troceado

1 pimiento morrón rojo sin semillas, troceado

5 jitomates cortados en cuartos

1 cucharadita de tomillo

1 taza de chícharos cocidos

½ pechuga de pollo cocida y partida en cubos

250 g de pasta corta (tornillo, codo, moño) cocida al dente

sal y pimienta negra molida, al gusto

Procedimiento

1. Ponga sobre el fuego una cacerola con el aceite de canola y sofría durante 5 minutos la cebolla, el ajo y el pimiento morrón. Agregue los jitomates y el tomillo y deje sobre el fuego hasta que se reduzca casi todo el líquido.

2. Licue el sofrito hasta obtener una salsa homogénea. Salpimiente al gusto, regrésela a la cacerola y cocínela a fuego medio durante 5 minutos. Verifique la cantidad de sal, añada los chícharos, los cubos de pechuga de pollo y la pasta; mezcle, retire la preparación del fuego y sírvala.

Flan con miel de agave

Rendimiento: 2 porciones ◆ Preparación: 20 min ◆ Cocción: 30 min ◆ Reposo: 2 h

Ingredientes

- 4 cucharadas de miel de agave
- 1 huevo
- 3 cucharadas de leche condensada
- ¼ de taza de leche evaporada
- ¼ de taza de leche descremada
- 1 cucharadita de extracto de vainilla

Procedimiento

1. Precaliente el horno a 150 °C.
2. Vierta la miel de agave dentro de 2 flaneras individuales, gírelas para cubrir bien el fondo y resérvelas en refrigeración.
3. Bata el resto de los ingredientes hasta obtener una mezcla homogénea y viértala en las flaneras. Cúbralas con papel aluminio y colóquelas en una charola para hornear de paredes altas. Introduzca la charola en el horno y vierta dentro la cantidad de agua necesaria para cubrir la mitad de las flaneras. Hornee los flanes durante 30 minutos.
4. Saque los flanes del horno, déjelos enfriar y refrigérelos durante 2 horas como mínimo. Desmóldelos y sírvalos.

Ensalada verde con alcachofas y champiñones

Rendimiento: 2 porciones ◆ Preparación: 15 min

Ingredientes

Vinagreta

1 cucharada de vinagre balsámico

3 cucharadas de aceite de oliva

sal y pimienta negra molida, al gusto

Ensalada

2 hojas de lechuga italiana, troceadas

2 hojas de lechuga sangría, troceadas

1 taza de espinacas *baby*

1 taza de arúgula

1 taza de champiñones fileteados

4 centros de alcachofa en conserva, drenados y partidos en cuartos

2 cucharadas de semillas de girasol garapiñadas

Procedimiento

Vinagreta

1. Bata todos los ingredientes en un tazón pequeño con un batidor globo. Reserve.

Ensalada

1. Coloque en un tazón todos los ingredientes, excepto las semillas de girasol, vierta la vinagreta y mezcle bien. Sirva la ensalada y espolvoree encima las semillas de girasol.

Sopa de mariscos

Rendimiento: 2 porciones ◆ Preparación: 15 min ◆ Cocción: 45 min

Ingredientes

1 cucharada de aceite de oliva

1 diente de ajo picado

¼ de cebolla picada

3 jitomates picados

2 cucharadas de perejil picado

1½ tazas de caldo de pescado

½ papa cortada en cubos medianos

½ zanahoria cortada en cubos medianos

1 hoja de laurel

4 almejas limpias

4 mejillones limpios

½ taza de chícharos chinos

½ calabacita cortada en cubos medianos

2 postas del pescado de su elección

4 camarones medianos, pelados y limpios

sal y pimienta negra molida, al gusto

Procedimiento

1. Ponga sobre el fuego una cacerola con el aceite de oliva y saltee el ajo y la cebolla. Añada el jitomate picado y el perejil, cueza hasta que se haya evaporado casi todo el líquido. Vierta el caldo de pescado; cuando hierva, retire la preparación del fuego y lícuela hasta obtener una consistencia y textura homogéneas. Cuélela y regrésela a la cacerola.

2. Añada a la sopa sal y pimienta al gusto, Cuando hierva, agregue los cubos de papa, los de zanahoria y la hoja de laurel. Baje el fuego, tape la cacerola y cueza la sopa durante 10 minutos.

3. Agregue las almejas y los mejillones, vuelva a tapar la cacerola y cocine durante 5 minutos más o hasta que las almejas y los mejillones se abran. Añada los chícharos chinos, la calabacita, el pescado y los camarones; tape nuevamente, cocine por 5 minutos más o hasta que el pescado y los camarones estén bien cocidos. Verifique la cantidad de sal, deseche la hoja de laurel, retire la sopa del fuego y sírvala.

Nota: Acompañe con agua de limón con pepino (ver pág. 106).

Natilla de elote

Rendimiento: **2 porciones** ◆ Preparación: **10 min** ◆ Cocción: **20 min** ◆ Reposo: **2 h**

Ingredientes

- 1 cucharada de mantequilla
- 1 taza de granos de elote frescos
- 1 taza de leche de almendra
- 50 g de azúcar mascabado
- 1 cucharadita de extracto de vainilla
- 2 pizcas de canela molida

Procedimiento

1. Ponga sobre el fuego una cacerola pequeña con la mantequilla y sofría los granos de elote durante 10 minutos.
2. Licue los granos de elote con la leche de almendra, el azúcar mascabado y la vainilla hasta obtener una consistencia homogénea. Cuele la preparación y viértala a la cacerola sobre el fuego.
3. Mueva la natilla constantemente hasta que se espese. Retírela del fuego y refrigérela durante 2 horas como mínimo. Sirva con la canela molida.

Puré de berenjena con granada

Rendimiento: 2 porciones ◆ Preparación: 10 min ◆ Cocción: 40 min

Ingredientes

- 1   berenjena mediana
- 3   cucharadas de aceite de oliva
- 2   dientes de ajo con piel
- ¼   de cucharadita de semillas de cilantro molidas
- ¼   de cucharadita de comino molido
- 2   cucharadas de cilantro picado finamente
- ½   taza de granos de granada roja
- 2   piezas de pan árabe

sal y pimienta negra molida, al gusto

Procedimiento

1. Precaliente el horno a 280 °C.
2. Parta la berenjena por la mitad a lo largo y coloque ambas mitades sobre una charola para hornear con papel aluminio. Rocíe las berenjenas con el aceite de oliva, salpiméntelas y colóqueles encima los dientes de ajo; hornéelas por 40 minutos o hasta que estén suaves por dentro. Retírelas del horno, y déjelas enfriar.
3. Retire la pulpa de las berenjenas con ayuda de una cuchara y píquela junto con la pulpa de los dientes de ajo. Mezcle esta preparación con las especias y el cilantro; rectifique la cantidad de sal.
4. Sirva el puré de berenjena con los granos de granada y acompáñelo con el pan árabe.

Calabacitas rellenas de carne

Rendimiento: 2 porciones ◆ Preparación: 20 min ◆ Cocción: 25 min

Ingredientes

- 4   calabacitas criollas
- 2   cucharadas de aceite
- 1   diente de ajo picado finamente
- ¼   de cebolla picada finamente
- 100 g de carne de res molida (bola o contra)
- ¼   de cucharadita de canela molida
- ¼   de cucharadita de semillas de cilantro, tostadas y molidas
- 1   cucharada de almendras troceadas
- 1   cucharada de nueces de la India troceadas
- 1   cucharada de pistaches troceados
- ¼   de taza de chícharos cocidos
- ¼   de taza de zanahoria cocida, cortada en cubos pequeños

sal y pimienta negra molida, al gusto

Procedimiento

1. Precaliente el horno a 180 °C.
2. Corte transversalmente la punta de las calabacitas y retire la pulpa con ayuda de una cuchara. Reserve las calabacitas y la pulpa por separado.
3. Ponga sobre el fuego un sartén con el aceite y sofría el ajo y la cebolla. Incorpore la pulpa de las calabacitas, la carne molida, la canela y las semillas de cilantro molidas. Cocine durante 10 minutos moviendo ocasionalmente o hasta que la carne esté bien cocida. Agregue los frutos secos, los chícharos, los cubos de zanahoria y sal y pimienta al gusto. Retire la preparación del fuego y resérvela caliente.
4. Hierva en suficiente agua con sal las calabacitas durante 1 minuto. Escúrralas, rellénalas con la preparación de carne y sírvalas.

Nota: Complemente esta comida con un caldo de pollo con verduras.

Yogur helado con maracuyá y cereales

Rendimiento: **2 porciones** ◆ Preparación: **25 min** ◆ Reposo: **2 noches**

Ingredientes

- 1   taza de yogur natural sin azúcar
- 2   cucharadas de azúcar
- ¼   de taza de pulpa de maracuyá
- ½   taza de mezcla de cereales tostados (avena, amaranto, almendras, nueces, pepitas de calabaza, etc.)

Procedimiento

1. Enfríe en el congelador un tazón grueso de vidrio o acero durante toda una noche.
2. Saque el tazón del congelador, vierta dentro el yogur y el azúcar y bata enérgicamente con un batidor globo hasta que el yogur espese ligeramente. Cubra el tazón con plástico autoadherible y congélelo durante 1 noche.
3. Sirva el yogur helado en 2 vasos, coloque encima 1 cucharada de pulpa de maracuyá y 1 cucharada de cereales tostados; cubra con otra cucharada de pulpa de maracuyá, espolvoree el resto de los cereales tostados y sirva.

Tostadas de tinga de setas

Rendimiento: 2 porciones ◆ Preparación: 10 min ◆ Cocción: 25 min

Ingredientes

- 3 jitomates
- ¼ de cebolla troceada + ½ cebolla fileteada
- 1 diente de ajo
- ¼ chile chipotle adobado

- 1 cucharada de aceite
- 2 tazas de setas cortadas en tiras
- 1 cucharadita de orégano seco molido
- 4 tostadas de maíz horneadas

- ¼ de taza de crema
- ¼ de taza de queso panela rallado
- sal y pimienta negra molida, al gusto

Procedimiento

1. Licue los jitomates con la cebolla troceada, el diente de ajo y el chile chipotle adobado hasta obtener una preparación homogénea. Cuele y reserve.
2. Ponga sobre fuego medio una cacerola con el aceite y sofría la cebolla fileteada hasta que esté traslúcida. Agregue las setas y cocínelas durante 10 minutos.
3. Suba el fuego al máximo y agregue el caldillo de jitomate. Cuando comience a hervir baje el fuego a medio y cueza hasta que el líquido se evapore casi por completo. Salpimiente al gusto y agregue el orégano molido.
4. Sirva la tinga y acompáñela con las tostadas de maíz, la crema y el queso panela rallado.

Nota: Acompañe con té negro con leche.

Rollos vegetarianos vietnamitas

Rendimiento: 2 porciones • Preparación: 30 min • Cocción: 10 min

Ingredientes

- 1 cucharada de aceite de soya
- 150 g de tofu extra firme, cortado en bastones de 1 cm de grosor
- ½ zanahoria cortada en bastones muy delgados
- ¼ de pepino cortado en bastones muy delgados
- las hojas de 1 rama de menta
- las hojas de 2 ramas de cilantro
- ¼ de taza de nueces de la Inda troceadas
- 1 cucharada de ajonjolí negro, tostado
- 1 cucharada de aceite de ajonjolí
- 10 hojas de papel arroz
- c/s de salsa de soya

Procedimiento

1. Ponga sobre el fuego un sartén con el aceite de soya y dore los bastones de tofu por los 4 lados. Retírelos del fuego.
2. Mezcle en un tazón los bastones de tofu, de zanahoria y de pepino, las hojas de menta y de cilantro, las nueces de la India, el ajonjolí y el aceite de ajonjolí. Reserve.
3. Sumerja en agua tibia 1 hoja de papel arroz, escúrrala y póngala sobre una tabla de cocina o un plato humedecido con agua. Coloque en la orilla de la hoja un poco de la mezcla de tofu y verduras, comience a enrollar a partir de esta orilla, y cuando llegue a la mitad, doble las orillas a los costados hacia el centro del rollo; termine de enrollar. Repita este paso con el resto de las hojas de papel arroz y de la mezcla de tofu y verduras.
4. Sirva los rollos fríos y acompáñelos con la salsa de soya.

Agua de limón con alfalfa y chía

Rendimiento: 2 porciones • Preparación: 10 min • Reposo: 1 h

Ingredientes

- 4 limones partidos en cuartos
- ¼ de taza de alfalfa
- 2 tazas de agua
- ½ taza de hielo
- 2 cucharadas de azúcar
- ¼ de taza de semillas de chía

Procedimiento

1. Licue todos los ingredientes, excepto las semillas de chía, hasta obtener una preparación homogénea y cuele.
2. Vierta el agua en una jarra y añada las semillas de chía. Refrigere durante 1 hora como mínimo.
3. Sirva el agua en vasos de cristal.

Ensalada de atún y aderezo oriental

Rendimiento: 2 porciones ◆ Preparación: 25 min

Ingredientes

Aderezo oriental

el jugo de 3 limones

2   cucharaditas de salsa soya

1   cucharadita de salsa Sryracha®
    o Tabasco® (opcional)

¼   de taza de aceite de oliva

Ensalada

½   taza de mezcla de hojas
    de lechuga

½   taza de espinacas *baby*

½   taza de col rizada

½   taza de jitomates cherry

½   taza de ejotes blanqueados

1   lata de atún en agua, drenado

½   aguacate cortado en rebanadas

¼   de taza de semillas de girasol
    tostadas (opcional)

pan tostado al gusto

Procedimiento

Aderezo oriental

1. Mezcle el jugo de limón, la salsa de soya y la salsa
    Sryracha® o Tabasco®, si es el caso. Vierta poco a
    poco el aceite de oliva, batiendo constantemente
    hasta obtener una vinagreta. Reserve.

Ensalada

1. Mezcle en un tazón las hojas de lechuga, las espi-
    nacas *baby* y la col rizada. Vierta el aderezo orien-
    tal y mezcle bien.

2. Agregue los jitomates cherry, los ejotes y el atún y
    mezcle delicadamente.

3. Sirva la ensalada en platos individuales y adorne
    con el aguacate y las semillas de girasol, si es el
    caso. Acompañe la ensalada con el pan tostado.

Batido de fresa y salvado

Rendimiento: 2 porciones ◆ Preparación: 10 min

Ingredientes

½   taza de leche descremada

½   taza de yogur natural sin azúcar

2   cucharadas de miel de agave

8   fresas

¼   de taza de salvado

1   taza de cubos de hielo

Procedimiento

1. Licue todos los ingredientes, excepto los hielos,
    hasta obtener una preparación homogénea.

2. Agregue poco a poco los hielos y pulse repeti-
    damente el botón de encendido de la licuadora

hasta que obtenga una mezcla tersa. Sirva de inmediato.

Segundo trimestre

Desarrollo del feto
4, 5 y 6 meses

El segundo trimestre comprende desde la semana 14 hasta la semana 27. Durante este periodo el feto crece considerablemente, pasando de 10 cm al inicio del cuarto mes hasta 27 cm al final del segundo trimestre. Ya se habrá desarrollado su esqueleto y la mayoría de sus órganos, tendrá casi por completo la forma de un recién nacido de 9 meses. Si durante este periodo se presentan dificultades en el embarazo, es a partir de la semana 24 que el bebé podría nacer y ser atendido con minuciosos cuidados posteriores.

Mes 4

Para el cuarto mes el cuerpo del feto comenzará a crecer más rápido que su cabeza, se habrá formado el cuello, los dedos comenzarán a separarse de las manos (incluso el feto podría succionar aluno de sus pulgares) y las retinas de los ojos se harán sensibles a la luz. Si bien, algunos de los órganos ya habrán logrado tener su aspecto definitivo, algunos otros, como los riñones y el cerebro, necesitarán aún más tiempo para su formación definitiva, y otros, como los pulmones, no estarán aún en funcionamiento. Otro aspecto importante es la placenta, al término de este mes ya estará desarrollada y permitirá muchas de las funciones vitales del feto, como el aporte de oxígeno, la alimentación y la eliminación de heces.

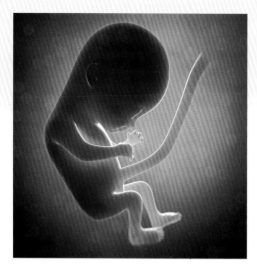

Mes 5

En este mes el feto habrá logrado desarrollar motricidad, lo que resultará en movimientos que la madre podrá sentir. Las presiones que el feto ejercerá con sus brazos y piernas (denominadas cariñosamente "patadas") podrán darse en cualquier momento, ya sea en el día o en la noche.

La nariz y la boca están bien definidas para este mes, así como los rasgos del rostro. El feto podrá fruncir el ceño, el cabello y las pestañas serán perceptibles y se formarán las uñas. Cuando el feto es varón los testículos descenderán del vientre, y si es mujer, la vagina comenzará a formarse.

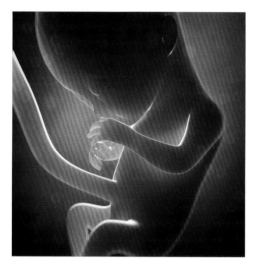

Mes 6

Entre los cambios más importantes se encuentran el aumento en el movimiento dentro del vientre, la percepción de sonidos gracias a sus orejas, la apertura paulatina de los ojos, el desarrollo de sus cuerdas vocales (aunque no las utilizará hasta que salga del vientre) y el desarrollo del sentido del tacto. Todos los huesos comenzarán a crecer y engrosar progresivamente desde este mes y hasta antes del nacimiento.

Si el bebé por alguna u otra circunstancia tuviera que nacer en este mes, podría sobrevivir, aunque con bajas probabilidades, con minuciosas precauciones de salud.

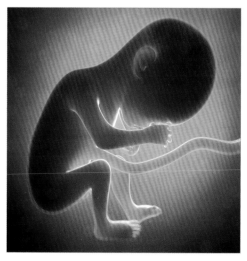

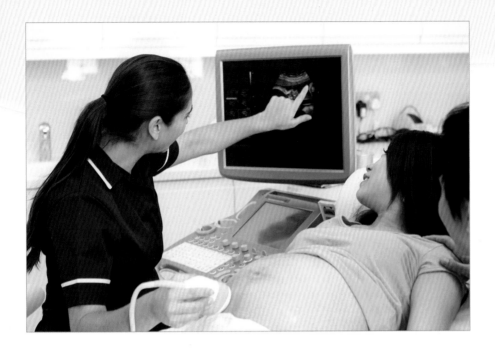

Cuidados durante el segundo trimestre

El segundo trimestre es considerado por muchas madres el trimestre más fácil durante todo el embarazo. El apetito regresará a la normalidad (el mismo que tenía antes del embarazo) e incluso aumentará ligeramente. Usted aún podrá dormir sin las incomodidades de un vientre demasiado grande; la náusea y el cansancio será menor y sus niveles de energía y la libido habrán aumentado. Muchas mujeres regresan a una rutina de ejercicio durante este trimestre.

Los cambios físicos no son tantos como en el primer o el tercer trimestre, pero igualmente detectará algunos:

* El útero continúa su crecimiento empujando ligeramente el vientre hacia arriba, mostrando así signos evidentes de embarazo. Este hecho puede generar sentimientos gratos en usted y en el padre, por lo tanto enfóquese en disfrutarlo.

* A pesar de que falten meses para que nazca su bebé, usted podrá haber producido calostro (la primera leche generada por el organismo para alimentar al bebé inmediatamente después de su nacimiento).

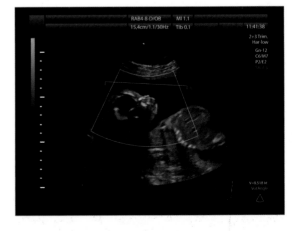

* Puede presentar tos y resfriados de forma más seguida que antes del embarazo debido a un debilitamiento del sistema inmunológico. Estos resfriados son relativamente normales y no afectan el desarrollo del feto.

Durante este trimestre, concretamente alrededor de la semana 20, se recomienda realizar el primer ultrasonido con el objetivo de detectar anormalidades de crecimiento o desarrollo del feto, así como para conocer la posición de la placenta. Si bien, las parejas desean ver por primera vez al feto y conocer qué sexo tendrá, es importante recalcar que el ultrasonido es para detectar anormalidades.

Alimentación

A diferencia de los primeros tres meses de embarazo, durante el segundo trimestre disminuyen las náuseas y los ascos. Aunque es probable que los antojos (causados por los cambios hormonales) persistan, es importante recordar que el ceder a ciertos antojos (alimentos fritos, helados, dulces y demás alimentos con bajo aporte nutricional) frecuentemente merman la alimentación del futuro bebé.

Es necesario que el consumo de frutas y verduras continúe durante este trimestre, ya que las probabilidades de enfermarse de tos o gripa son considerables, y tanto frutas como verduras son una importante fuente de antioxidantes, los cuales ayudan a luchar contra las infecciones.

El hambre aumentará durante este trimestre y el feto crecerá de tamaño. Este rápido desarrollo le ocasionará un deseo por consumir alimentos entre comidas, lo cual no es perjudicial de ningún modo, pero deberá vigilar la calidad y la cantidad de colaciones. Prefiera alimentos ricos en vitaminas y minerales (frutas y verduras) sobre aquellos ricos en carbohidratos o grasas (dulces, pasteles, productos fritos), y consuma cantidades que le quiten el hambre sin dejarla completamente satisfecha.

Este rápido desarrollo del feto ocasiona un incremento de necesidades calóricas diarias de aproximadamente 340 kilocalorías, siendo éste un cálculo aproximado.

Omelet de espárragos y queso panela

Rendimiento: 2 porciones • Preparación: 10 min • Cocción: 15 min

Ingredientes

Salsa verde asada

4   tomates verdes
⅛   de cebolla
½   diente de ajo
1   chile serrano sin semillas
5   ramas de cilantro

sal al gusto

Omelet

6   espárragos
4   huevos
2   cucharadas de cebollín picado finamente

2   cucharadas de aceite
4   bastones de queso panela de 1 cm de grosor
sal y pimienta negra recién molida al gusto
c/s de cebolla morada fileteada

Procedimiento

Salsa verde asada

1. Ase en un comal los tomates con la cebolla, el ajo y el chile serrano. Lícuelos con las ramas de cilantro hasta obtener una salsa homogénea. Añádale sal al gusto y resérvela.

Omelet

1. Hierva los espárragos en suficiente agua con 1 pizca de sal por 3 minutos. Retírelos del fuego, cuélelos y refrésquelos en agua fría. Resérvelos.
2. Bata en un tazón los huevos, añada el cebollín picado, salpimiente y mezcle bien.

3. Ponga sobre fuego medio un sartén de teflón con 1 cucharada de aceite y agregue la mitad de la mezcla de huevo. Coloque encima 3 espárragos y 2 bastones de queso panela; deje cocer la tortilla de huevo por 3 minutos. Doble las orillas hacia el centro, voltee la tortilla y continúe la cocción por 2 minutos más. Retire el omelet del fuego y resérvelo. Repita este paso con el resto de los ingredientes para formar otro omelete.
4. Sirva los omeletes, acompáñelos con la salsa verde asada y decore con la cebolla morada.

Jugo de cítricos

Rendimiento: 2 porciones • Preparación: 1 min

Ingredientes

1   taza de jugo de naranja
½   taza de jugo de mandarina

½   taza de jugo de toronja
el jugo de 1 limón

Procedimiento

1. Mezcle en una jarra todos los jugos y sirva.

Nota: Complemente este desayuno con pan integral.

Crepas de jamón con flor de calabaza y salsa de chile pasilla

Rendimiento: 2 porciones • Preparación: 10 min • Cocción: 25 minutos

Ingredientes

- 2 chiles pasilla sin venas ni semillas
- ½ cebolla entera + ½ fileteada
- 2 jitomates
- 1 diente de ajo + 1 picado

- 2 cucharadas de aceite
- 1 manojo de flores de calabaza limpias
- 1 paquete de crepas comerciales

- 4 rebanadas delgadas de jamón de pavo
- sal y pimienta negra molida al gusto

Procedimiento

1. Ase en un comal los chiles pasilla, la media cebolla entera, los jitomates y el diente de ajo entero; lícuelos con ½ taza de agua hasta obtener una salsa homogénea.
2. Ponga sobre el fuego una cacerola pequeña con 1 cucharada de aceite; cuando esté caliente, añada la salsa de chile pasilla y deje que se cueza durante 5 minutos. Salpiméntela al gusto, retírela del fuego y resérvela.
3. Sofría la cebolla fileteada y el ajo picado en un sartén con el aceite restante. Agregue las flores de calabaza, salpiméntelas y saltéelas por 3 minutos. Retírelas del fuego y resérvelas calientes.
4. Coloque encima de una crepa 1 rebanada de jamón de pavo y una cuarta parte del relleno de flor de calabaza. Doble la crepa por la mitad dos veces para obtener un triángulo. Repita el procedimiento con el resto de las crepas y del relleno de flor de calabaza.
5. Sirva las crepas en dos platos y acompáñelas con la salsa de chile pasilla.

Licuado de avena y manzana

Rendimiento: 2 porciones • Preparación: 5 min

Ingredientes

- ¼ de taza de avena
- ½ taza de agua
- 1½ tazas de leche descremada
- 2 cucharadas de azúcar mascabado

- 1 manzana pequeña descorazonada, cortada en cubos
- 1 cucharadita de semillas de linaza
- canela molida al gusto

Procedimiento

1. Tueste en un sartén la avena y déjela enfriar.
2. Licue la avena tostada con el resto de los ingredientes hasta obtener una preparación homogénea y tersa. Sirva el licuado.

Huevos en salsa de acuyo y poblano

Rendimiento: 2 porciones • Preparación: 15 min • Cocción: 15 minutos

Ingredientes

- 2 hojas de acuyo grandes
- 1 chile poblano sin semillas ni venas, cortado en trozos
- ½ de cebolla mediana
- 4 tomates verdes medianos
- 1 cucharada de aceite de girasol
- 4 huevos
- ½ taza de frijoles refritos
- tortillas de maíz al gusto
- sal al gusto

Procedimiento

1. Hierva en una olla con agua las hojas de acuyo, el chile poblano, la cebolla y los tomates durante 10 minutos. Retire los ingredientes del fuego y licúelos con sal al gusto. Reserve.

2. Ponga sobre fuego medio un sartén grande con el aceite y fría los huevos. Cuando las claras estén cocidas, vierta encima la salsa de acuyo; tape el sartén y continúe la cocción por 3 minutos más o hasta que las yemas estén cocidas. Retire los huevos del fuego y rectifique la cantidad de sal.

3. Sirva 2 huevos por plato y acompáñelos con los frijoles refritos calientes y tortillas de maíz.

Jugo de fruta

Rendimiento: 2 porciones • Preparación: 2 min

Ingredientes

- 4 fresas
- 1 rebanada de papaya de 2 cm de grosor
- 1 taza de jugo de naranja
- 1 rebanada de piña de 1 cm de grosor

Procedimiento

1. Licúe bien todos los ingredientes hasta obtener una preparación homogénea y tersa; agregue un poco de agua en caso de ser necesario.

Nota: No cuele el jugo, ya que eliminaría parte de la fibra y algunos componentes de las frutas.

Ensalada griega

Rendimiento: 2 porciones ◆ Preparación: 10 min

Ingredientes

- 2 cucharadas de vinagre balsámico
- ½ cucharadita de orégano seco molido
- 4 cucharadas de aceite de oliva extra virgen
- 2 tazas de mezcla de hojas de lechuga
- 100 g de queso feta cortado en cubos
- ½ pepino partido por la mitad a lo largo y cortado en rebanadas
- ¼ de taza de aceitunas negras
- ¼ de cebolla morada fileteada
- 10 jitomates cherry partidos por la mitad
- 1 pan pita tostado (opcional) partido en cuatro
- sal y pimienta negra molida al gusto

Procedimiento

1. Mezcle en un tazón el vinagre balsámico con el orégano y sal y pimienta al gusto hasta que ésta se disuelva. Agregue poco a poco el aceite de oliva mientras bate, hasta obtener una vinagreta. Reserve.

2. Combine en otro tazón las hojas de lechuga, el queso feta, el pepino, las aceitunas negras, la cebolla morada y los jitomates cherry.

3. Sirva la ensalada y acompáñela con la vinagreta y el pan pita.

Lasaña de calabacitas y berenjena

Rendimiento: 2 porciones ◆ Preparación: 20 min ◆ Cocción: 40 min

Nota: Complemente esta comida con unas crepas con Nutella® y frambuesas (ver pág. 107).

Ingredientes

- 1 cucharada de aceite de girasol
- ½ cebolla picada
- 1 diente de ajo picado finamente
- 5 champiñones fileteados
- 50 g de carne de res molida (bola o contra)
- 50 g de carne de cerdo molida (lomo)
- 2 tazas de salsa comercial de jitomate para lasagna
- 10 hojas de albahaca picadas
- 1 calabacita
- ½ berenjena
- 75 g de queso manchego rallado
- sal y pimienta al gusto

Procedimiento

1. Ponga sobre el fuego una cacerola con el aceite de girasol y sofría la cebolla y ajo picados por 3 minutos. Agregue los champiñones fileteados y cocínelos hasta que se evapore todo el líquido. Incorpore las carnes molidas y continúe la cocción por 5 minutos más mezclando continuamente. Añada la salsa de jitomate y la albahaca picada y continúe la cocción por 10 minutos más moviendo ocasionalmente. Salpimiente al gusto, retire del fuego y reserve.

2. Corte la calabacita y la berenjena en láminas delgadas con ayuda de una mandolina o con un cuchillo bien afilado. Distribuya las berenjenas en una charola; añádales sal por ambos lados y déjelas reposar durante 10 minutos. Enjuáguelas con agua.

3. Precaliente el horno a 180 °C.

4. Barnice un refractario pequeño con un poco de aceite. Cubra el fondo con una cama de láminas de berenjena, coloque encima una tercera parte de la carne molida con salsa y cubra con una cama de láminas de calabacitas. Agregue otra porción de carne molida, cúbrala con las láminas de berenjena restantes y termine con la carne molida restante y una capa de láminas de calabacita. Espolvoree la superficie con el queso manchego rallado.

5. Tape el refractario con papel aluminio y hornee la lasaña durante 20 minutos. Retire el papel aluminio y continúe la cocción por 5 minutos más o hasta que el queso esté completamente gratinado. Retire la lasaña del horno, porciónela y sirva.

Ceviche de calamar

Rendimiento: 2 porciones • Preparación: 10 min • Cocción: 1 h • Reposo: 10 min

Ingredientes

200 g de filete de calamar limpio

2 jitomates cortados en cubos pequeños

¼ de cebolla morada picada finamente

1 chile serrano sin semillas ni venas, picado finamente

2 palmitos rebanados

la pulpa de ½ mango Ataulfo cortada en cubos pequeños

la pulpa de ½ aguacate cortada en cubos pequeños

⅓ de taza de hojas de cilantro picadas finamente

⅓ de taza de hojas de hierbabuena picadas finamente

el jugo de 3 limones

3 cucharadas de aceite de oliva

sal y pimienta negra molida, al gusto

galletas integrales, al gusto

Procedimiento

1. Coloque en una olla el calamar, cúbralo con agua y añada un poco de sal. Cueza a fuego bajo durante 1 hora o hasta que el calamar esté suave; agregue un poco más de agua caliente a la mitad de la cocción para que el calamar se mantenga sumergido. Retírelo del fuego, cuélelo y déjelo enfriar. Córtelo en cubos pequeños.

2. Mezcle en un tazón los cubos de calamar con el jitomate, la cebolla morada, el chile serrano, los palmitos, el mango, el aguacate, el cilantro y la hierbabuena. Vierta el jugo de limón y el aceite de oliva y salpimiente; mezcle bien y deje reposar durante 10 minutos.

3. Sirva el ceviche y acompáñelo con las galletas integrales.

Duraznos rostizados con helado de yogur

Rendimiento: 2 porciones • Preparación: 10 min • Cocción: 20 min

Ingredientes

2 duraznos medianos partidos por la mitad, sin semilla

1 cucharadita de mantequilla

2 cucharadas de miel de abeja

1 rama de romero

2 bolas de helado de yogur (ver pág. 43)

Procedimiento

1. Precaliente el horno a 180 °C.

2. Corte un cuadro grande de papel aluminio. Coloque encima las mitades de durazno, la mantequilla, la miel de abeja y la rama de romero. Doble el aluminio por la mitad y selle las orillas para obtener un paquete en forma de sobre.

3. Coloque el paquete en una charola para hornear y hornéelo durante 20 minutos. Retírelo del horno y déjelo entibiar unos minutos.

4. Abra el paquete de aluminio con un cuchillo (deberá tener cuidado ya que el vapor dentro del paquete estará muy caliente). Sirva los duraznos en 2 platos para postre, báñelos con los jugos de cocción y acompáñelos con el helado de yogur.

Nota: Complemente esta comida con una crema de coliflor y avellana (ver pág. 106).

Escabeche de chayote y papa cambray

Rendimiento: 2 porciones ◆ Preparación: 10 min ◆ Cocción: 20 min ◆ Reposo: 1 noche

Ingredientes

150 g de papas cambray

1   chayote pelado y cortado
    en cubos medianos

½   cebolla

1   calabaza partida por la mitad
    a lo largo y rebanada

1   zanahoria pelada y rebanada

¼   de coliflor en floretes

1   hoja de laurel

2   ramas de tomillo

½   cucharadita de pimientas gordas

1   taza de vinagre

2   tazas de agua

sal al gusto

Procedimiento

1. Cueza las papas cambray en suficiente agua con sal hasta que estén ligeramente cocidas. Escúrralas y resérvelas.

2. Coloque en una cacerola todas las verduras junto con las papas, las hierbas de olor, la pimienta y sal al gusto. Cubra todo con el vinagre y el agua; si faltase líquido, agregue más agua. Hierva a fuego medio hasta que todos los ingredientes estén cocidos.

3. Traslade la preparación a envases de vidrio y deje enfriar toda una noche.

Frijol con puerco

Rendimiento: 2 porciones ◆ Preparación: 20 min ◆ Cocción: 50 min ◆ Reposo: 1 h

Ingredientes

1   cucharada de aceite de girasol

1   cebolla cortada en cuartos

2   dientes de ajo

200 gramos de pulpa de cerdo
    cortada en trozos medianos

1   costilla cargada

1   taza de frijoles negros remojados
    durante una noche y colados

1   rama de epazote

salpicón de rabanitos, al gusto
    (ver Recetas complementarias
    pág. 109)

sal y pimienta negra molida al gusto

Procedimiento

1. Ponga sobre el fuego una olla exprés con el aceite de girasol y sofría la cebolla y el ajo durante 5 minutos. Agregue la carne de cerdo y la costilla cargada; dore ligeramente la carne por todos sus lados.

2. Agregue 1 litro de agua junto con los frijoles negros, la rama de epazote y sal y pimienta al gusto. Tape la olla y deje a fuego medio durante 30 minutos, contando el tiempo a partir de que el vapor comience a escapar. Retire la olla del fuego y déjela entibiar antes de abrirla.

3. Sirva el frijol con puerco en tazones y acompáñelo con el salpicón de rabanitos.

Mousse helado de mamey

Rendimiento: **2 porciones** ◆ Preparación: **10 min** ◆ Reposo: **4 h**

Ingredientes

la pulpa de ½ mamey maduro

2 cucharadas de azúcar

½ taza de leche de arroz

canela en polvo, al gusto

Procedimiento

1. Congele la pulpa del mamey. Licúela con el azúcar, la leche de arroz y la canela hasta obtener una preparación cremosa y homogénea.
2. Sirva el mousse helado de inmediato en dos vasos pequeños y espolvoréelos con canela en polvo.

Ensalada verde con vinagreta de miel

Rendimiento: 2 porciones ◆ Preparación: 15 min

Ingredientes

Vinagreta de miel

2   cucharadas de vinagre balsámico
1   cucharada de miel de abeja
¼   de taza de aceite de oliva

sal al gusto

Ensalada verde

6   hojas de lechuga italiana
1   taza de arúgula

4   fresas partidas en cuartos
2   corazones de alcachofa partidos en cuartos

Procedimiento

Vinagreta de miel

1. Mezcle en un tazón el vinagre balsámico con la miel de abeja y sal al gusto hasta que la miel y la sal se disuelvan.
2. Incorpore el aceite de oliva en forma de hilo mientras bate constantemente hasta emulsionar la mezcla. Reserve.

Ensalada verde

1. Coloque en un tazón todos los ingredientes, báñelos con la vinagreta de miel y mezcle bien. Sirva la ensalada en dos platos.

Empipianadas de ajonjolí y queso panela

Rendimiento: 2 porciones ◆ Preparación: 15 min ◆ Cocción: 25 min

Ingredientes

6   tortillas de maíz
1   cucharada de aceite de girasol
6   bastones gruesos de queso panela

1   taza de pipián de ajonjolí, caliente (ver Recetas complementarias pág. 108)

¼   de cebolla morada fileteada
2 cucharadas de ajonjolí tostado

Procedimiento

1. Barnice las tortillas con un poco de aceite de girasol y caliéntelas en un comal. Rellene cada una con 1 bastón de queso panela, enróllelas y acomode tres en cada plato.

2. Bañe las tortillas con el pipián de ajonjolí y decórelas con las rodajas de cebolla y el ajonjolí.

Nota: Complemente esta comida con un sabayón de café y naranja (ver pág. 109).

Crema de berros

Rendimiento: 2 porciones ◆ Preparación: 10 min ◆ Cocción: 10 min

Ingredientes

- 1 cucharada de aceite de oliva extra virgen
- ¼ de cebolla picada
- 1 diente de ajo picado
- 1 manojo de berros limpios
- ½ taza de leche descremada
- ½ taza de crema
- crutones al gusto
- sal y pimienta negra molida, al gusto

Procedimiento

1. Ponga sobre el fuego una cacerola con el aceite de oliva y sofría la cebolla y el ajo picado. Añada los berros y cuézalos por 5 minutos. Retire del fuego y licue junto con la leche descremada, la crema y sal y pimienta al gusto hasta obtener una preparación homogénea. Regrésela a la cacerola y déjela hervir a fuego bajo por 5 minutos. Rectifique la cantidad de sal y retire del fuego.
2. Sirva la crema de berros acompañada de los crutones.

Canelones de hongos y ricotta

Rendimiento: 2 porciones ◆ Preparación: 15 min ◆ Cocción: 30 min

Ingredientes

- 6 canelones
- 1 cucharada de aceite
- 1 ajo picado finamente
- ½ cebolla mediana fileteada
- 2 hongos portobello picados
- 1 taza de espinacas
- ½ taza de nueces picadas
- 200 g de queso *ricotta*
- 1 taza de salsa de jitomate comercial
- 2 cucharadas de queso manchego rallado
- sal y pimienta negra molida, al gusto

Procedimiento

1. Cueza en suficiente agua con sal los canelones según el tiempo indicado en el paquete. Reserve.
2. Ponga sobre el fuego una cacerola con el aceite y sofría el ajo y la cebolla; agregue los hongos portobello y continúe la cocción hasta que se evapore todo el líquido. Agregue las espinacas y las nueces picadas y cueza por 3 minutos moviendo ocasionalmente. Retire del fuego y reserve.
3. Mezcle el queso *ricotta* con el relleno de espinacas y salpimiente al gusto. Introduzca la mezcla en una manga pastelera para rellenar los canelones.
4. Precaliente el horno a 180 °C.
5. Barnice un refractario mediano con un poco de la salsa de jitomate y distribuya encima los canelones; báñelos con el resto de la salsa de jitomate y espolvoréeles encima el queso manchego rallado. Cubra el refractario con papel aluminio.
6. Hornee los canelones durante 20 minutos; retire el papel aluminio y continúe la cocción por 5 minutos más o hasta que se gratine el queso. Retírelos del horno y sírvalos.

Nota: Complemente esta comida con duraznos en almíbar.

Tabulé

Rendimiento: 2 porciones ◆ Preparación: 15 min ◆ Reposo: 40 min

Ingredientes

½ taza de cuscús

2 jitomates picados finamente

¼ de cebolla picada finamente

½ taza de perejil picado finamente + hojas para decorar

¼ de taza de hierbabuena picada finamente

el jugo de 2 limones

¼ de taza de aceite de oliva extra virgen

sal al gusto

Procedimiento

1. Remoje el cuscús según las instrucciones del empaque hasta que esté cocido.

2. Mézclelo con el resto de los ingredientes en un tazón. Verifique la cantidad de sal. Sirva el tabulé decorado con las hojas de perejil.

Sardinas envueltas en berenjena asada

Rendimiento: 2 porciones ◆ Preparación: 15 min ◆ Cocción: 5 min ◆ Reposo: 5 min

Ingredientes

1 berenjena cortada en rebanadas a lo largo

1 cucharada de aceite de oliva

1 lata de sardinas en aceite, drenadas

20 hojas de albahaca picadas

sal y pimienta negra molida, al gusto

Procedimiento

1. Coloque las rebanadas de berenjena en una charola y espolvoréelas con sal. Déjelas reposar por 5 minutos y enjuáguelos.

2. Barnice las rebanadas de berenjena con el aceite de oliva. Ponga sobre el fuego un sartén y áselas por ambos lados hasta que estén cocidas y ligeramente doradas.

3. Abra las sardinas por la mitad y retíreles la espina dorsal. Coloque sobre 1 rebanada de berenjena algunas hojas de albahaca y 2 filetes de sardina. Enróllelas sobre sí mismas y sujételas con un palillo.

4. Caliente los rollos de berenjena en el sartén y sírvalos.

Nota: Si quiere aumentar la cantidad de calcio de este platillo, no retire la espina dorsal de las sardinas.

Gelatina de horchata

Rendimiento: 2 porciones ◆ Preparación: 15 min ◆ Reposo: 6 h

Ingredientes

½ taza de arroz

1½ tazas de agua + 2 cucharadas

1 taza de leche evaporada

1 raja de canela de 3 cm

50 g de azúcar

1 sobre (11 g) de grenetina

4 galletas

Procedimiento

1. Remoje el arroz en 1½ tazas de agua durante 2 horas como mínimo.
2. Licue el arroz con el agua de remojo, la leche evaporada, la canela y el azúcar. Cuele y reserve.
3. Hidrate la grenetina con las 2 cucharadas de agua, déjela reposar por 5 minutos y fúndala en el microondas.
4. Mezcle poco a poco la grenetina con la horchata. Vacíela en un molde para gelatina pequeño y refrigere por 4 horas o hasta que la gelatina cuaje.
5. Desmolde la gelatina de horchata y córtela en cubos grandes. Sírvala con las galletas.

Ensalada de jitomate, elote y garbanzo

Rendimiento: 2 porciones ◆ Preparación: 15 min ◆ Cocción: 5 min

Ingredientes

- 1 cucharada de aceite de oliva + ¼ de taza
- 2 cebollitas cambray fileteadas
- 3 cucharadas de vinagre de piña
- ½ taza de granos de elote de lata, drenados
- 1 taza de garbanzos cocidos

- 2 jitomates partidos en cubos pequeños
- 100 g de queso panela cortado en cubos
- 3 cucharadas de cilantro picado
- sal y pimienta negra molida, al gusto

Procedimiento

1. Ponga sobre el fuego un sartén con 1 cucharada de aceite de oliva y saltee las cebollitas cambray hasta que estén suaves. Retírelas del fuego y resérvelas.
2. Mezcle en un tazón el vinagre de piña y 1 pizca de sal hasta que se disuelva. Añada poco a poco el aceite de oliva restante batiendo constantemente hasta obtener una vinagreta.
3. Incorpore a la vinagreta el resto de los ingredientes, así como las cebollas salteadas. Agregue pimienta al gusto y verifique la cantidad de sal. Sirva.

Nota: Complemente esta cena con café descafeinado con leche.

Maki de atún

Rendimiento: 2 porciones ◆ Preparación: 35 min

Ingredientes

¼ de taza de salsa de soya

el jugo de 1 limón

1 chile serrano sin semillas ni venas, picado finamente

¾ de taza de arroz para sushi, cocido

1 cucharada de vinagre de arroz

2 algas nori

¼ de pepino pelado sin semillas, cortado en bastones

100 g de queso crema cortado en bastones

½ zanahoria cortada en bastones

½ lata de atún en agua, drenada

3 cucharadas de ajonjolí

Procedimiento

1. Mezcle en un recipiente pequeño la salsa de soya, el jugo de limón y el chile serrano. Reserve.
2. Mezcle en un tazón el arroz y el vinagre de arroz con una pala de madera; no lo mezcle demasiado para no batirlo.
3. Humedezca sus manos con un poco de agua fría, forme sobre un tapete para sushi una cama de arroz y coloque encima 1 hoja de alga nori. Acomode en la orilla inferior, de forma horizontal, la mitad de los bastones de pepino, queso y zanahoria y la mitad del atún. Comience a enrollar el sushi con la ayuda del tapete, apretando entre cada doblez. Repita este procedimiento para formar otro rollo.
4. Coloque los rollos sobre una tabla para picar y espolvoréelos con el ajonjolí. Humedezca la navaja de un cuchillo grande y corte cada rollo en 8 partes iguales.
5. Sirva y acompañe los rollos de sushi con la salsa de soya preparada.

Infusión de hierbabuena y limón

Rendimiento: 2 porciones ◆ Preparación: 5 min ◆ Cocción: 5 min

Ingredientes

2 tazas de agua

2 ramas de hierbabuena fresca

el jugo de 1 limón

2 cucharadas de miel de abeja

Procedimiento

1. Hierva el agua y agregue las ramas de hierbabuena. Retire del fuego y deje infusionar por 5 minutos. Cuele, agregue el limón y endulce con la miel de abeja.

Timbal de sierra con papa

Rendimiento: 2 porciones ◆ Preparación: 20 min

Ingredientes

- 2 papas pequeñas cocidas, cortadas en cubos
- 2 cucharadas de aceite de oliva extra virgen
- el jugo de 1 limón
- 100 g de sierra cocida y desmenuzada
- 1 huevo cocido, picado
- 1 jitomate picado
- 2 cucharadas de cebolla picada finamente
- 2 cucharadas de mayonesa
- ½ aguacate cortado en láminas delgadas
- sal y pimienta negra molida, al gusto
- lechugas al gusto
- jitomates cherry al gusto

Procedimiento

1. Coloque las papas en un recipiente y aplástelas con un machacador hasta obtener un puré terso. Agregue el aceite de oliva, el jugo de limón y sazone con sal y pimienta al gusto.
2. Mezcle en otro recipiente la sierra, el huevo cocido, el jitomate, la cebolla y la mayonesa; salpimiente y reserve.
3. Engrase ligeramente un aro de 8 centímetros de diámetro y colóquelo sobre un plato. Cubra el fondo del aro con una capa del puré de papa, cúbralas con una capa del relleno de sierra y huevo y acomode encima algunas láminas de aguacate; termine con una capa más del puré de papa. Retire el aro deslizándolo delicadamente hacia arriba. Repita el procedimiento con el puré y el relleno de sierra restantes.
4. Sirva los timbales, decore cada uno con 2 láminas de aguacate y acompáñelos con la lechuga y los jitomates cherry.

Té chai con leche

Rendimiento: 2 porciones ◆ Reposo: 4 min

Ingredientes

- 2 cucharadas de té chai
- 1 taza de agua
- 1 taza de leche
- c/s de azúcar

Procedimiento

1. Caliente el agua en una cacerola o en el microondas hasta que comience a hervir. Retire del fuego o del microondas.
2. Añada el té chai directamente o con ayuda de un infusor y deje reposar por 4 minutos.
3. Cuele la preparación o retire el infusor del agua. Añada la leche al té y endulce al gusto. Puede servirlo al tiempo, frío o caliente.

Tercer trimestre

Desarrollo del feto
7, 8 y 9 meses

El tercer trimestre comprende desde la semana 28 hasta la semana 40, aproximadamente. Durante este periodo el feto termina de desarrollarse y prepararse para su gran momento y el de la futura mamá: su nacimiento. El tamaño y peso del feto dependerá sobre todo de factores genéticos y de los cuidados de la madre. Es esta etapa la más emocionante para la madre y el padre, ya que comienzan los preparativos para la llegada del bebé, la planeación para el parto, así como las dudas e incertidumbres de ambos. Es importante recalcar que los cuidados alimenticios de la madre se verán reflejados en la salud del bebé, por lo que es fundamental disfrutar plenamente y tomar conciencia de los cuidados necesarios en esta última etapa, aún con las dificultades que la recta final representa.

Mes 7

El feto habrá crecido considerablemente; para finales de este mes medirá entre 40 y 42 centímetros y pesará entre 1.5 y 2 kg. Debido al crecimiento, el feto estará ligeramente estrecho en el útero y se moverá continuamente. Del mismo modo su actividad fluctuará entre largos periodos de sueño profundo alternada con largos periodos de vigilia, donde puede estar en reposo o muy activo.

Si el bebé naciera prematuramente en este mes, con los avances médicos actuales, las probabilidades de supervivencia serían altas. Esto, aunque positivo, no es lo ideal, ya que para este mes el cerebro continúa en un rápido desarrollo y los riñones están en su última etapa de formación. Otros órganos como el intestino, el estómago y los pulmones estarán plenamente formados. En este periodo el feto comienza a reaccionar a sonidos del exterior (música, sonidos fuertes) y ya está desarrollando su sentido del gusto.

Mes 8

En este mes el feto comenzará a acomodarse para el nacimiento, es decir, cabeza abajo y caderas arriba. En algunas ocasiones esto no sucede, entonces los médicos realizan un proceso para su acomodo y así facilitar el parto.

Al final de este mes medirá 47 centímetros, pesará 2.5 kg aproximadamente y los pulmones terminan de formarse plenamente.

Si bien el feto se desarrolló prácticamente en todos los sentidos, aún continúa su crecimiento, sobre todo en el sistema óseo, lo cual repercutirá en su tamaño y peso.

Mes 9

En el último mes de gestación el bebé habrá desarrollado por completo todos los órganos. Las últimas semanas le servirán al futuro bebé para aumentar de tamaño y de peso, así como fortalecerse para su nacimiento. Algunas partes de su organismo se terminarán de formarse fuera del vientre de la madre, como el cráneo, que terminará de osificar hasta después del parto.

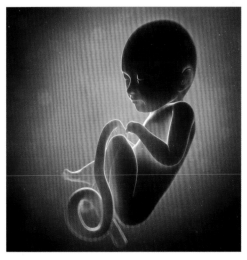

Cuidados durante el tercer trimestre

Durante el último trimestre los cambios radican en la expectativa y emociones generadas por el próximo nacimiento del bebé, así como por el rápido y excesivo crecimiento del feto y, por consiguiente, del vientre, lo cual traerá consigo algunas incomodidades físicas:

* Dormir se vuelve una tarea un poco más complicada.

* Aparecen dolores en la espalda por el aumento de peso del feto. Estos dolores pueden reducirse haciendo ejercicios semanales, teniendo una buena postura (si se está de pie gran parte del día) y evitando cargar cosas pesadas.

* Tanto pies como manos y tobillos pueden hincharse. Si presenta este problema, lo puede aminorar consumiendo frecuentemente agua natural en el transcurso del día y disminuyendo el consumo de sal en los alimentos.

* Alrededor de la semana 33 el bebé puede encajarse en la pelvis como preparación para su nacimiento. Esto deriva, por un lado, en una sensación frecuente por orinar e incomodidades al caminar y, por otro lado, en comodidades al comer y respirar, ya que se libera espacio de pulmones y estómago.

Las últimas semanas del embarazo parecerán las más largas y estresantes del periodo de gestación, más aún si el doctor dio alguna fecha prevista para el embarazo. El estrés radica en el deseo de que el bebé finalmente nazca, y la nostalgia de que el periodo de embarazo y el sentimiento de tener dentro al nuevo integrante de la familia esté por terminar. Es recomendable relajarse en esta etapa. No se prive de salir de paseo con sus amistades o dar alguna vuelta por el parque o centro comercial. Estas actividades no presentan riesgos para el parto.

Alimentación

En este trimestre sentirá más hambre y a diferentes horas sin importar que coma continua y vastamente. Esto es irremediable, durante estas últimas semanas el bebé tendrá un rápido crecimiento que requerirá de calorías extras. Sin embargo, esto no significa que deberá comer el doble, ya que está comiendo por un adulto y por un bebé. El consumo alimenticio de referencia para el tercer trimestre es de 452 kilocalorías extras por día. Éste es un cálculo aproximado que de ninguna manera se puede generalizar a todas las mujeres.

Una característica en este trimestre es la probabilidad de presentar acidez estomacal o de satisfacerse demasiado después de los alimentos. Para aminorar este problema evite alimentos muy condimentados y prepare colaciones que pueda almacenar y tener siempre a la mano, así evitará el consumo de productos chatarra. Estas colaciones pueden ser verduras o frutas picadas y frutos secos.

Llevar una alimentación balanceada y suficiente asegurará los nutrientes necesarios para esta última etapa de gestación. Algunos compuestos son indispensables en estos últimos meses, como la vitamina K, que si bien no es tan importante como las mencionadas en la página 9, es trascendental en esta etapa para ayudar a la coagulación; si hay una baja cantidad de esta sustancia, aumentan las posibilidades de un mayor sangrado durante el embarazo. Esta vitamina se encuentra fácilmente en hojas verdes, melón, coliflor, ejotes, panes integrales y pastas.

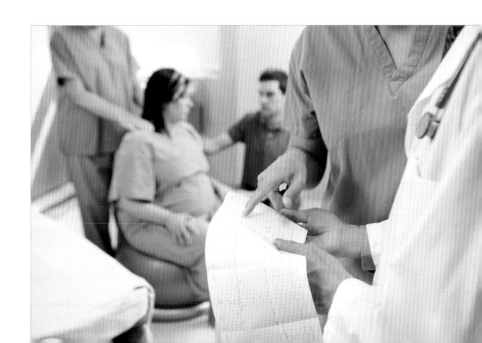

Tortilla de huevo, jitomates cherry y ejotes

Rendimiento: **2 porciones** • Preparación: **10 min** • Cocción: **25 min**

Ingredientes

- 4 huevos
- 2 cucharadas de aceite de oliva
- ½ taza de poro fileteado
- ½ taza de ejotes cocidos, cortados en trozos
- 1 taza de jitomates cherry partidos por la mitad + c/s para la guarnición
- ½ cucharadita de hojas de romero picadas
- 1 hongo portobello rebanado en láminas gruesas
- sal y pimienta negra molida, al gusto

Procedimiento

1. Bata los huevos en un tazón y salpiméntelos. Reserve.
2. Caliente 1 cucharada de aceite de oliva en un sartén y saltee el poro por 2 minutos. Agregue los ejotes, 1 taza de jitomates cherry y el romero, baje el fuego a medio y cocine por 3 minutos o hasta que los jitomates estén ligeramente dorados, moviendo ocasionalmente. Retire del fuego e incorpore a los huevos batidos.
3. Caliente la cucharada de aceite de oliva restante en el sartén a fuego medio y vierta la mezcla de huevo con verduras. Cueza la tortilla por 3 minutos o hasta que la base esté casi cocida. Cubra el sartén con un plato extendido a manera de tapa, déle vuelta con cuidado y regrese al sartén la tortilla; continúe la cocción por 1 minuto más. Retire del fuego y sirva con los jitomates cherry y el hongo.

Nota: Complemente el desayuno con cereal con leche de soya y moras azules.

Baguette de higo, queso de cabra y naranja

Rendimiento: 2 porciones ◆ Preparación: 10 min

Ingredientes

- 1 *baguette* pequeña partida por la mitad
- 1 cucharada de mermelada de naranja
- 2 rebanadas de jamón de pavo
- 4 higos maduros partidos en cuartos
- 2 cucharadas de queso de cabra
- 1 taza de arúgula
- 2 cucharadas de vinagre balsámico
- sal al gusto

Procedimiento

1. Unte las mitades de *baguette* con la mermelada de naranja; distribuya a lo largo las rebanadas de jamón de pavo, los cuartos de higo, el queso de cabra y la arúgula. Moje todo con el vinagre balsámico.

2. Cierre la baguette y pártala por la mitad. Sírvala fría o caliéntela.

Licuado de semillas de girasol y mora azul

Rendimiento: 2 porciones ◆ Preparación: 10 min ◆ Cocción: 15 min

Ingredientes

- 100 g de semillas de girasol
- 1 raja de canela de 5 cm
- 50 g de azúcar
- 1 lata de leche evaporada
- 1 taza de agua
- ½ taza de moras azules
- c/s de cubos de hielo

Procedimiento

1. Tueste en un comal o sartén las semillas de girasol y la raja de canela. Muélalas en un procesador de alimentos hasta obtener un polvo fino.
2. Licue el polvo obtenido con el azúcar, la leche evaporada, el agua, las moras azules y algunos cubos de hielos.
3. Sirva el licuado en 2 vasos.

Quesadilla de quintoniles y requesón

Rendimiento: 2 porciones ◆ Preparación: 10 min ◆ Cocción: 10 min

Ingredientes

1   cucharada de aceite de oliva
1   diente de ajo picado
¼   de cebolla fileteada
2   tazas de quintoniles limpios
4   tortillas de maíz

150 g de requesón
c/s de salsa de su preferencia
sal y pimienta negra molida,
    al gusto

Procedimiento

1. Caliente en un sartén el aceite de oliva y sofría el ajo y la cebolla. Agregue los quintoniles y cocine por 3 minutos más. Salpimiente, retire del fuego y reserve.

2. Caliente las tortillas de maíz en un comal y rellénelas con el requesón y los quintoniles.

3. Sirva las quesadillas acompañadas de la salsa de morita.

Granola casera con fruta

Rendimiento: 2 porciones ◆ Preparación: 10 min ◆ Cocción: 25 min ◆ Reposo: 12 h

Ingredientes

¼   de taza de avena
2   cucharadas de miel de abeja
1   pizca de canela en polvo
1   cucharadita de esencia de vainilla

¼   de taza de amaranto
2   cucharadas de arroz inflado
½   cucharada de semillas de calabaza
½   cucharada de nueces picadas

½   cucharada de avellanas picadas
½   cucharada de pasas
mezcla de frutas, al gusto

Procedimiento

1. Remoje la avena en 2 tazas de agua y resérvela en refrigeración por una noche. Escúrrala y resérvela.
2. Precaliente el horno a 150 °C.
3. Caliente en un sartén pequeño la miel de abeja con la canela en polvo y la esencia de vainilla. Mezcle en un recipiente el amaranto, el arroz inflado, las semillas de calabaza, las nueces y las avellanas; agregue la miel caliente y mezcle bien.

4. Extienda la preparación en una charola con papel siliconado y hornee por 15 minutos, moviendo periódicamente. Agregue las pasas y continúe la cocción por 10 minutos más o hasta que la avena esté seca. Retire del horno y deje enfriar.
5. Sirva la mezcla de fruta y acompáñela con la granola.

Nota: Si es alérgica a alguna de estas semillas, puede sustituirlas por cacahuates, ajonjolí, fruta confitada, etc.

Ensalada de charales y nopales

Rendimiento: 2 porciones ◆ Preparación: 10 min ◆ Cocción: 10 min

Ingredientes

- 3 cucharadas de aceite de oliva
- ½ taza de charales secos sin cabeza
- ½ cebolla cortada en trozos medianos
- 2 nopales medianos cocidos, cortados en cuadros
- ½ cucharadita de tequesquite
- 1 jitomate picado
- 1 cucharada de cilantro picado
- ½ taza de lentejas cocidas
- 2 cucharadas de vinagre de chiles en vinagre
- sal y pimienta al gusto

Procedimiento

1. Ponga sobre el fuego un sartén con el aceite de oliva y fría los charales con la cebolla hasta que los charales estén crujientes. Retire del fuego y reserve en un plato con papel absorbente.

2. Hierva durante 10 minutos los nopales en una cacerola con suficiente agua y un poco de sal. Escúrralos y resérvelos.

3. Mezcle en un tazón los nopales con los charales, el jitomate picado, el cilantro picado, las lentejas y el vinagre de los chiles; agregue sal y pimienta al gusto. Sirva la ensalada.

Chicharrón en salsa verde con verdolagas

Rendimiento: 2 porciones ◆ Preparación: 15 min ◆ Cocción: 25 min

Ingredientes

- 1 taza de salsa verde (ver Recetas complementarias pág. 109)
- 1 taza de nopales picados
- 1 papa mediana cocida, cortada en cuartos
- 1 manojo de verdolagas limpias
- 50 g de chicharrón de cerdo
- ½ taza de frijoles de la olla
- 6 tortillas de maíz
- sal al gusto

Procedimiento

1. Hierva la salsa verde e incorpore las papas y los nopales; tape y cueza a fuego medio por 5 minutos; añada más agua si es necesario. Agregue las verdolagas y el chicharrón, continúe la cocción hasta que el chicharrón esté suave y las papas cocidas. Rectifique la cantidad de sal y retire del fuego.

2. Sirva el chicharrón en salsa verde y acompáñelo con frijoles de la olla y las tortillas de maíz.

Brochetas de frutas con chocolate

Rendimiento: 2 porciones ◆ Preparación: 15 min

Ingredientes

- 6 fresas
- 1 carambola cortada en rodajas
- 6 uvas verdes
- ½ mango picado en cubos grandes
- 1 plátano cortado en rodajas gruesas
- 100 g de chocolate semiamargo picado
- ½ taza de leche

Procedimiento

1. Ensarte las frutas en palillos para brocheta y resérvelas.
2. Caliente el chocolate semiamargo en el horno de microondas por 15 segundos, sáquelo del horno y mezcle bien con una espátula de silicón. Repita el procedimiento hasta que el chocolate se derrita por completo.
3. Entibie la leche e incorpórela poco a poco al chocolate derretido.
4. Acompañe las brochetas de frutas con la salsa de chocolate

Pastel de hígado encebollado y papa

Rendimiento: 2 porciones ◆ Preparación: 20 min ◆ Cocción: 1 h ◆ Reposo: 30 min

Ingredientes

- 1 bistec de hígado
- 1 taza de leche
- 2 cucharadas de aceite de oliva
- 2 cebollas grandes fileteadas
- ½ zanahoria cortada en cubos pequeños, cocidos
- ½ taza de chícharos cocidos
- 2 hojas de salvia picadas
- salsa inglesa al gusto
- jugo sazonador al gusto
- 1 taza de puré de papa
- sal y pimienta negra molida al gusto

Procedimiento

1. Remoje el bistec de hígado en la leche y déjelo reposar por 30 minutos. Escúrralo y córtelo en cubos pequeños; reserve.
2. Ponga sobre el fuego un sartén con el aceite de oliva y agregue la cebolla fileteada. Mezcle bien y cueza a fuego bajo durante 40 minutos o hasta que la cebolla se caramelice. Agregue el hígado picado, la zanahoria, los chícharos y las hojas de salvia picadas; mezcle y cueza por 5 minutos. Agregue salsa inglesa y jugo sazonador al gusto. Retire del fuego y reserve.
3. Precaliente el horno a 180 °C.
4. Distribuya en 2 recipientes de porcelana el relleno de hígado y cúbralo una capa del puré de papa. Hornéelos por 15 minutos o hasta que se forme una costra dorada en la superficie. Sáquelos del horno y sirva.

Gelatina de guayaba

Rendimiento: 2 porciones ◆ Preparación: 15 min ◆ Cocción: 15 min ◆ Refrigeración: 4 h

Ingredientes

- 4 guayabas
- 2 cucharadas de azúcar
- 1 cucharadita de canela en polvo
- 1 sobre (11 g) de grenetina
- 3 cucharadas de agua
- 1½ tazas de leche descremada

Procedimiento

1. Parta las guayabas y colóquelas en una cacerola pequeña junto con el azúcar y la canela. Cueza a fuego bajo moviendo constantemente hasta que las guayabas estén suaves y ligeramente doradas. Retírelos del fuego y déjelos enfriar.
2. Mezcle la grenetina con el agua y déjela reposar por 5 minutos
3. Licue las guayabas con ½ taza de leche descremada hasta obtener una mezcla homogénea. Cuele y reserve.
4. Caliente la taza de leche restante, agregue la grenetina y mezcle hasta que ésta se disuelva. Retire del fuego e incorpore la mezcla de leche con guayaba.
5. Vacíe la gelatina en moldes individuales y refrigérelos por 4 horas o hasta que la gelatina cuaje.

Nota: Complemente esta comida con una sopa de zanahoria perfumada con anís (ver pág. 110).

Tostada de pulpo

Rendimiento: 2 porciones • Preparación: 15 min • Reposo: 15 min

Ingredientes

- 200 g de pulpo cocido, cortado en cubos pequeños
- 2 jitomates cortados en cubos pequeños
- ¼ de cebolla morada picada finamente
- 2 cucharadas de mayonesa
- 1 pizca de paprika
- 2 cucharadas de perejil picado
- 2 cucharadas de cilantro picado
- 1 chile serrano picado finamente
- sal y pimienta blanca molida, al gusto
- c/s de tostadas de maíz horneadas
- ½ aguacate rebanado
- 2 limones partidos

Procedimiento

1. Mezcle en un tazón el pulpo, el jitomate, la cebolla, la mayonesa, la paprika, el perejil, el cilantro picado y el chile serrano. Salpimente y deje reposar en refrigeración por 15 minutos.

2. Coloque la ensalada de pulpo sobre las tostadas y acompañe con las rebanadas de aguacate y los limones.

Mole verde vegetariano

Rendimiento: 2 porciones • Preparación: 10 min • Cocción: 30 min

Ingredientes

- 1½ taza de mole verde (ver Recetas complementarias pág. 108)
- 1 taza de caldo de verduras
- ½ elote troceado
- ½ taza de ejotes cortados en trozos
- ½ chayote cortado en cubos pequeños
- ½ taza de chícharos
- ½ calabacita cortada en cubos pequeños
- tortillas de maíz al gusto
- sal al gusto

Procedimiento

1. Caliente el mole verde junto con el caldo de verduras hasta que hierva.
2. Agregue al mole el chayote y el elote y deje cocer por 10 minutos.
3. Destape la olla y añada los ejotes y los chícharos; tape la olla y deje cocer por 5 minutos.
4. Agregue la calabacita y cueza por 5 minutos más.
5. Sirva el mole verde en tazones individuales y acompáñelo con las tortillas de maíz.

Natilla de leche de soya con almendras

Rendimiento: 2 porciones • Preparación: 15 min • Cocción: 10 min • Reposo: 2 h

Ingredientes

- 2 tazas de leche de soya
- 50 g de azúcar
- 1 vaina de vainilla abierta por la mitad a lo largo
- 2 yemas de huevo
- 50 g de almendras fileteadas, tostadas

Procedimiento

1. Hierva en una cacerola la leche de soya con la mitad de la azúcar y la vaina de vainilla. Retire del fuego y reserve caliente.
2. Bata en un tazón las yemas con el azúcar restante hasta obtener punto de listón. Incorpore poco a poco la leche caliente batiendo constantemente.
3. Regrese la mezcla al fuego y cueza, sin dejar de moverla, hasta que la preparación esté espesa y cubra el dorso de una cuchara. Retírela del fuego y déjela enfriar.
4. Sirva la natilla en 2 flaneras y refrigérelas durante 2 horas como mínimo. Espolvoree las almendras tostadas al momento de servir.

Ensalada de jitomate, queso Oaxaca y pesto

Rendimiento: 2 porciones ◆ Preparación: 20 min

Ingredientes

2 jitomates bola partidos en rodajas
120 g de queso Oaxaca deshebrado
10 hojas de albahaca

½ taza de pesto de nuez (ver Recetas complementarias pág. 108)

Procedimiento

1. Coloque en un platón para ensalada las rodajas de jitomate. Acomode entre cada una de ellas hojas de albahaca y el queso Oaxaca deshebrado por encima.

2. Sirva el platillo aderezado con el pesto de nuez.

Pollo al curry

Rendimiento: 2 porciones ◆ Preparación: 25 min ◆ Cocción: 40 min ◆ Reposo: 1 h

Ingredientes

100 ml de yogur natural sin azúcar
1 cucharadita de paprika
½ cucharadita de jengibre rallado
2 cucharadas de *garam masala**
1 chile de árbol sin venas ni semillas
2 cucharadas de cilantro picado

2 muslos de pollo sin piel
½ pechuga de pollo partida en cubos
1 cucharada de aceite
¼ de cebolla picada
1 cucharada de concentrado de jitomate

2 jitomates pelados, sin semilla y picados
6 papas cambray cocidas
½ taza de ejotes blanqueados
½ taza de arroz cocido al vapor
sal al gusto

Procedimiento

1. Mezcle en un recipiente el yogur natural con la paprika, el jengibre rallado, 1 cucharada de *garam masala*, el chile de árbol, 1 cucharada de cilantro picado y sal al gusto. Unte los muslos y la pechuga de pollo con esta mezcla y deje marinar en refrigeración durante 1 hora.

2. Ponga sobre el fuego una olla con el aceite y sofría la cebolla picada. Agregue la cucharada restante de *garam masala* y mezcle bien. Incorpore el concentrado de jitomate y los jitomates picados y cueza a fuego medio por 10 minutos moviendo ocasionalmente.

3. Agregue los muslos y la pechuga de pollo junto con la marinada, tape y cocine durante 25 minutos. Añada las papas cambray y los ejotes, continúe la cocción por 5 minutos más o hasta que el pollo esté bien cocido. Retire del fuego e incorpore el cilantro picado restante.

4. Sirva el pollo con curry en dos platos y acompáñelo con el arroz al vapor.

Nota: Complemente esta comida con un coctel de frutas Vitamina C con quinoa (ver pág. 106).

* El *garam masala* es una mezcla de especias compuesta de canela, clavo, cardamomo, nuez moscada, pimienta negra y comino.

Carne de cerdo con fideos y calabacitas

Rendimiento: 2 porciones ◆ Preparación: 15 min ◆ Cocción: 20 min

Ingredientes

- 2 madejas de fideos de arroz*
- 2 cucharadas de aceite de ajonjolí
- 1 diente de ajo picado
- ½ cebolla fileteada
- 250 g de bisteces de cerdo, cortados en tiras delgadas
- 2 cucharadas de salsa de soya
- 2 cucharadas de salsa de ostión*
- ½ taza de chícharos chinos
- 1 zanahoria cortada en rodajas delgadas
- 1 calabacita cortada en rodajas delgadas
- 2 cucharadas de ajonjolí tostado

Procedimiento

1. Sumerja los fideos de arroz en agua caliente y déjelos reposar por 5 minutos o hasta que estén cocidos. Escúrralos y resérvelos.
2. Ponga sobre el fuego un *wok* o un sartén grande con el aceite de ajonjolí y saltee el ajo picado y la cebolla fileteada. Incorpore la carne de cerdo, la salsa de soya y la salsa de ostión; continúe la cocción durante 5 minutos más. Retire la carne y la cebolla del sartén y resérvelas.
3. Saltee las verduras en el mismo *wok* o sartén dónde coció la carne hasta que estén *al dente*. Incorpore nuevamente la carne y la cebolla y agregue los fideos de arroz, mezcle y retire del fuego.
4. Sirva y espolvoree con el ajonjolí tostado.

Piña con coco en lajas

Rendimiento: 2 porciones ◆ Preparación: 10 min ◆ Cocción: 50 min

Ingredientes

- 4 cucharadas de coco natural cortado en lajas
- 2 rodajas gruesas de piña, sin cáscara
- 1 cucharada de azúcar mascabado

Procedimiento

1. Precaliente el horno a 150 °C. Cubra 2 charolas para horno con papel siliconado.
2. Coloque las lajas de coco en una charola e introdúzcalas en el horno por 15 minutos, suba la temperatura del horno a 180 °C y hornee hasta que las lajas de coco se doren ligeramente. Retírelas del horno y déjelas enfriar.
3. Acomode las rodajas de piña en otra charola y espolvoréelas con el azúcar mascabado. Hornéelas durante 20 minutos o hasta que el azúcar se haya caramelizado.
4. Sirva 1 rodaja de piña por plato y decórela con las lajas de coco tostadas.

Nota: Complemente esta comida con ejotes con ajonjolí y jitomates cherrys (ver pág. 107).

* Los fideos de arroz y la salsa de ostión puede adquirirlas en tiendas de productos orientales.

Ensalada de endibias, pera y jocoque

Rendimiento: 2 porciones ◆ Preparación: 15 min

Ingredientes

100 g de jocoque líquido
15 hojas de hierbabuena picadas
el jugo de 1 limón

10 hojas de endibias enteras
1 pera cortada en gajos delgados
½ taza de crutones

50 g de semillas de girasol
garapiñadas
sal y pimienta negra molida, al gusto

Procedimiento

1. Mezcle en un tazón el jocoque líquido con la hierbabuena picada y el jugo de limón; agregue sal y pimienta al gusto. Reserve.
2. Distribuya las hojas de endivia y los gajos de pera en 2 platos, acompañe con la mezcla de jocoque y los crutones y espolvoree con las semillas de girasol garapiñadas.

Brochetas de ternera

Rendimiento: 2 porciones ◆ Preparación: 10 min ◆ Cocción: 15 min ◆ Reposo: 1 h

Ingredientes

200 g de pulpa de ternera cortada
en cubos
2 cucharadas de jugo sazonador
1 cucharada de salsa inglesa
1 taza de floretes de brócoli cocidos

6 champiñones
6 cebollas cambray partidas
por la mitad
½ pimiento morrón rojo cortado
en cuadros

1 taza de arroz salvaje cocido
sal y pimienta negra molida,
al gusto

Procedimiento

1. Mezcle la pulpa de ternera con el jugo sazonador y la salsa inglesa. Deje marinar por 1 hora como mínimo.
2. Salpimiente las verduras. Arme las brochetas intercalando la carne de ternera y las verduras.
3. Precaliente una plancha o parrilla y cueza las brochetas por todos sus lados hasta que la carne se dore.
4. Sirva las brochetas acompañadas con el arroz salvaje.

Plátanos caramelizados con leche de coco

Rendimiento: 2 porciones ◆ Preparación: 10 min ◆ Cocción: 10 min

Ingredientes

2 cucharadas de mantequilla
2 plátanos pelados y partidos por la
mitad a lo largo

2 cucharadas de azúcar
100 ml de leche de coco

Procedimiento

1. Derrita en un sartén antiadherente la mantequilla y acomode encima los plátanos. Espolvoree el azúcar sobre los plátanos, cuézalos a fuego medio por 5 minutos, deles la vuelta y continúe la cocción por 3 minutos más o hasta que el azúcar se caramelice. Vierta la leche de coco, baje el fuego y cocine por 5 minutos o hasta que la preparación esté ligeramente espesa. Retire del fuego.

2. Sirva los plátanos calientes.

Pita con salteado de verduras y hongos portobello

Rendimiento: 2 porciones ◆ Preparación: 10 min ◆ Cocción: 15 min

Ingredientes

- ½ berenjena cortada en rebanadas delgadas
- 1 cucharada de aceite
- ½ cebolla cortada en cuadros grandes
- ½ pimiento morrón sin semillas, cortado en cuadros medianos
- 1 calabacita cortadas en rodajas
- 2 hongos portobello fileteados
- 2 cucharadas de salsa de soya
- 2 cucharadas de cacahuates pelados, sin sal
- 2 panes árabes
- ½ taza de hojas de cilantro
- sal al gusto

Procedimiento

1. Coloque en una charola las berenjenas y espolvoréelas con sal; déjelas reposar por 10 minutos para desflemarlas. Enjuáguelas con un poco de agua y resérvelas.
2. Caliente el aceite en un sartén y saltee la cebolla, el pimiento morrón y la calabacita por 10 minutos. Agregue la berenjena y los hongos portobello, saltéelos hasta que se evapore todo el líquido; añada la salsa de soya y los cacahuates y continúe la cocción por 2 minutos más. Retire del fuego y rectifique la cantidad de sal.
3. Caliente los panes árabes en un sartén o comal; ábralos y rellénelos con el salteado de verduras y con las hojas de cilantro. Sirva.

Gelatina de toronja

Rendimiento: 2 porciones ◆ Preparación: 10 min ◆ Reposo: 4 h

Ingredientes

- 1 sobre de grenetina (11 g)
- 3 cucharadas de agua
- 600 ml de jugo de toronja
- 3 cucharadas de azúcar
- 1 toronja partida en supremas para decorar
- 1 flor de lavanda para decorar (opcional)

Procedimiento

1. Mezcle la grenetina con el agua y déjela hidratar durante 5 minutos. Reserve.
2. Caliente la mitad del jugo de toronja y añada la grenetina hasta que se disuelva. Mezcle esta preparación con el azúcar y jugo de toronja restante. Viértala en recipientes de cristal y refrigérela durante 4 horas como mínimo.
3. Decore con las supremas de toronja y las flores de lavanda, si es el caso, y sirva.

Fusilli con camarones

Rendimiento: 2 porciones ◆ Preparación: 10 min ◆ Cocción: 5 min

Ingredientes

1   cucharada de aceite de oliva
1   diente de ajo picado
½   cucharadita de jengibre rallado
10 camarones pelados, limpios
    y cocidos
2   tazas de *fusilli* cocido

½   taza de chícharos cocidos
la pulpa de ½ aguacate cortada
    en cubos
1   alga nori picada
sal y pimienta blanca molida,
    al gusto

Procedimiento

1. Ponga sobre el fuego un sartén con el aceite de oliva y saltee el ajo picado y el jengibre rallado por 3 minutos. Retire del fuego, agregue los camarones, salpimiente y mezcle bien.

2. Mezcle en un tazón los camarones con el fusilli, los chícharos y el aguacate.
3. Sirva la pasta y espolvoree con el alga nori.

Leche de amaranto y vainilla

Rendimiento: 2 porciones ◆ Preparación: 5 min ◆ Cocción: 5 min

Ingredientes

1   taza de amaranto
2   tazas de agua

1   cucharadita de esencia de vainilla
2   cucharadas de azúcar

Procedimiento

1. Ase en un sartén o comal el amaranto durante 5 minutos o hasta que se tueste ligeramente.
2. Licue el amaranto con el agua, la esencia de vainilla y el azúcar.

3. Sirva la leche bien fría en 2 vasos.

Verduras asadas con tofu

Rendimiento: 2 porciones • Preparación: 10 min • Cocción: 15 min • Reposo: 15 min

Ingredientes

- 3 cucharadas de pasta miso* blanca
- 75 ml de salsa de soya
- 200 g de tofu firme* cortado en bastones
- 1 cucharadita de aceite de ajonjolí
- 3 cebollas cambray sin rabo, partidas por la mitad
- ½ taza de ejotes cocidos
- ½ taza de espárragos cocidos, partidos a la mitad
- ½ taza de elotes *baby*
- 1 taza de hojas de arúgula
- ¼ de taza de nueces de la India
- ¼ de taza de almendras fileteadas

Procedimiento

1. Disuelva la pasta miso en la salsa de soya y remoje el tofu en la mezcla por 15 minutos.
2. Ponga sobre el fuego un sartén antiadherente con el aceite de ajonjolí y saltee las cebollas cambray por 5 minutos o hasta que estén suaves. Retírelas del sartén y resérvelas.
3. Agregue al mismo sartén los bastones de tofu con la marinada y áselos por todos sus lados; añada los ejotes, los espárragos, los elotes *baby* y las cebollitas cambray y saltee los ingredientes por 5 minutos más.
4. Sirva el tofu y los vegetales con la arúgula, las nueces de la India y las almendras.

Lassi de menta y cardamomo

Rendimiento: 2 porciones • Preparación: 10 min

Ingredientes

- 1½ tazas de yogur natural sin azúcar
- ¼ de taza de hojas de menta
- ¼ de cucharadita de cardamomo en polvo
- 2 cucharadas de miel de abeja
- 1 pizca de canela en polvo
- 1½ tazas de hielos

Procedimiento

1. Licue el yogur natural con las hojas de menta, el cardamomo, la miel de abeja, la canela en polvo y los hielos hasta obtener una preparación tersa.
2. Sirva el *lassi* frío.

* Tanto el miso como el tofu firme puede encontrarlos fácilmente en tiendas de productos orientales.

Recetas complementarias

Agua de limón con pepino

Rendimiento: 2 porciones ◆ Preparación: 10 min

Ingredientes

- 4 limones partidos en cuartos
- ½ pepino con cáscara
- 2 tazas de agua
- 2 cucharadas de azúcar
- c/s de hielos

Procedimiento

1. Licue todos los ingredientes hasta obtener una preparación homogénea y cuele.
2. Vierta el agua en vasos y añada hielos al gusto o sírvala a temperatura ambiente.

Coctel de frutas Vitamina C con quinoa

Rendimiento: 2 porciones ◆ Preparación: 5 min ◆ Reposo: 5 min

Ingredientes

- ½ toronja cortada en supremas
- 1 naranja cortada en supremas
- el jugo de 1 mandarina
- 1 kiwi cortado en cubos pequeños
- 1 guayaba cortada en cubos pequeños
- 2 fresas cortadas en cuartos
- ½ taza de quinoa cocida

Procedimiento

1. Mezcle todos los ingredientes en un recipiente y deje reposar por 5 minutos.
2. Sirva el coctel de frutas en 2 platos hondos.

Crema de coliflor y avellana

Rendimiento: 2 porciones ◆ Preparación: 15 min ◆ Cocción: 25 min

Ingredientes

- 1 cucharadita de mantequilla
- ¼ de cebolla picada
- ½ coliflor
- 1½ tazas de leche descremada
- 100 g de avellanas tostadas molidas + 1 cucharada troceadas
- 1 pizca de nuez moscada
- 1 pizca de pimienta blanca molida
- sal al gusto

Procedimiento

1. Ponga sobre el fuego una cacerola con la mantequilla y saltee la cebolla hasta que esté traslúcida. Agregue la coliflor y continúe la cocción por 10 minutos más. Vierta la leche descremada y deje hervir a fuego bajo por 15 minutos o hasta que la coliflor esté cocida. Retire del fuego y deje entibiar.
2. Licue la preparación con las avellanas molidas hasta obtener una mezcla homogénea y tersa. Regrésela a la cacerola, añada la nuez moscada, la pimienta blanca y sal al gusto y deje hervir por 2 minutos. Retire del fuego.
3. Sirva la crema en 2 tazones y decore con las avellanas troceadas.

Crema de frijol bayo y chile ancho

Rendimiento: 2 porciones ◆ Preparación: 10 min ◆ Cocción: 25 min

Ingredientes

- 1 cucharada de aceite de canola
- 1 diente de ajo picado finamente
- ⅛ de cebolla partida en trozos
- ½ taza de frijoles bayos cocidos, drenados
- ½ taza de caldo de cocción de los frijoles
- ½ chile ancho sin semillas ni venas, asado
- 1½ tazas de caldo de pollo
- 1 rama de epazote
- ¼ de taza de crutones horneados
- ½ taza de queso panela cortado en cubos grandes
- sal y pimienta negra molida al gusto

Procedimiento

1. Ponga sobre el fuego una olla con el aceite de canola y sofría el ajo picado y la cebolla. Agregue los frijoles bayos con el caldo, el chile ancho y el caldo de pollo. Cuando hierva, retire la preparación del fuego y licuela hasta obtener una consistencia y textura cremosa; agregue un poco más de caldo de frijol si es necesario.

2. Regrese la preparación a la olla, agregue la rama de epazote, salpimiente al gusto y cocine a fuego bajo por 10 minutos más. Verifique la cantidad de sal, deseche la rama de epazote y retire la crema del fuego.
3. Sirva la crema de frijol decorada con los crutones y el queso panela.

Crepas con Nutella® y frambuesas

Rendimiento: 2 porciones ◆ Preparación: 10 min ◆ Cocción: 5 min

Ingredientes

- ½ taza de leche descremada
- 4 cucharadas de Nutella®
- 1 paquete de crepas comerciales
- 10 frambuesas

Procedimiento

1. Ponga sobre el fuego un sartén con la leche descremada. Cuando comience a hervir, retírela del fuego y agregue la Nutella®; mezcle hasta obtener una salsa espesa y resérvela.
2. Caliente las crepas en un sartén y báñelas con la mitad de la salsa de Nutella®, dóblelas por la mitad agregue un poco más de salsa y dóblelas por la mitad una vez más. Retírelas del fuego.
3. Sirva 2 crepas en cada plato, báñelas con la salsa restante y acompáñelas con las frambuesas.

Ejotes con ajonjolí y jitomates cherrys

Rendimiento: 2 porciones ◆ Preparación: 25 min ◆ Cocción: 15 min

Ingredientes

- 1 cucharada de aceite de ajonjolí
- 100 g de ejotes franceses
- 1 taza de jitomates cherry
- 1 huevo cocido
- 1 cucharada de ajonjolí negro

Procedimiento

1. Ponga sobre el fuego un sartén con el aceite de ajonjolí y saltee los ejotes franceses a fuego bajo hasta que estén cocidos pero crujientes.
2. Añada los jitomates cherry, suba el fuego al máximo y saltee por 3 minutos más.
3. Sirva los ejotes con los jitomates, acompañe con el huevo cocido y espolvoree con el ajonjolí negro.

Mole verde

Rendimiento: 2 porciones ◆ Preparación: 5 min ◆ Cocción: 10 min

Ingredientes

100 g de semillas de calabaza
tostadas
¼ de cebolla troceada
1 diente de ajo
2 tomates grandes

3 ramas de cilantro
1 chiles jalapeños sin venas
ni semillas
1 rama de epazote
1 clavo

3 pimientas negras
1 cucharada de aceite
1 taza de caldo de verduras
sal al gusto

Procedimiento

1. Licue las semillas de calabaza con la cebolla, el ajo, los tomates, las ramas de cilantro, los chiles jalapeños, la rama de epazote, el clavo y las pimientas negras mientras añade gradualmente el caldo de verduras. Deberá obtener una salsa ligeramente espesa. Reserve.

2. Caliente el aceite en una olla a fuego alto y fría la salsa a fuego bajo por al menos 10 minutos. Agregue sal al gusto y reserve.

Pesto de nuez

Rendimiento: 2 porciones ◆ Preparación: 5 min

Ingredientes

100 g de nueces
2 dientes de ajo

2 tazas de hojas albahaca
¼ de taza de aceite de oliva

sal y pimienta al gusto

Procedimiento

1. Muela las nueces junto con los dientes de ajo y las hojas de albahaca en un procesador de alimentos.

Incorpore el aceite de oliva en forma de hilo hasta obtener una pasta suave. Salpimiente y reserve.

Pipián de ajonjolí

Rendimiento: 2 porciones ◆ Preparación: 5 min ◆ Cocción: 30 min

Ingredientes

2 chiles anchos sin venas ni semillas
1 chile guajillo sin venas ni semillas
100 g de ajonjolí
50 g de cacahuate

1 raja de canela de 5 cm
3 jitomates guaje medianos
½ cebolla chica
1 diente de ajo

2 clavos
4 pimientas gordas
1 cucharada de aceite de girasol
sal al gusto

Procedimiento

1. Tueste en un comal los chiles ancho y guajillo, los cacahuates, el ajonjolí y la raja de canela. Ase los jitomates, la cebolla y el diente de ajo y licúelos junto con los ingredientes tostados, los clavos y las pimientas hasta obtener una salsa homogénea; si es necesario añada un poco de agua.

2. Caliente el aceite de girasol en una olla y fría la salsa de ajonjolí a fuego medio, moviendo constantemente, durante 15 minutos o hasta que el pipián adquiera un color brillante. Agregue sal al gusto, retire del fuego y reserve.

Sabayón de café y naranja

Rendimiento: 2 porciones • Preparación: 15 min • Cocción: 10 min • Reposo: 1 h

Ingredientes

4   yemas
4   cucharadas de azúcar
la ralladura de 1 naranja

1   caballito de café exprés descafeinado
4   granos de café

2   galletas Marías

Procedimiento

1. Prepare un baño María.
2. Bata en un tazón mediano las yemas con un batidor globo o con una batidora eléctrica de mano hasta que se esponjen. Agregue el azúcar y la ralladura de naranja, continúe batiendo por 1 minuto hasta que el azúcar se disuelva.
3. Pase el tazón al baño María y continúe batiendo durante 10 minutos o hasta que la mezcla duplique su volumen. Asegúrese de que la preparación no se caliente demasiado para evitar que se formen grumos.
4. Agregue el café exprés y mezcle bien. Retire el sabayón del baño María y continúe batiéndolo hasta que se enfríe.
5. Sirva el sabayón en 2 copas y refrigérelo por 1 hora. Decore con los granos de café y acompañe con las galletas Marías.

Salpicón de rabanitos

Rendimiento: 2 porciones • Preparación: 5 min • Reposo: 1 h

Ingredientes

¼   de cebolla morada picada finamente
¼   de taza de jugo de naranja
el jugo de 2 limones

2   cucharadas de vinagre de manzana
2   rábanos picados finamente
2   jitomates picados finamente

1   chile manzano sin venas ni semillas, picado finamente
¼   de taza de cilantro picado
sal y pimienta negra molida, al gusto

Procedimiento

1. Mezcle en un tazón la cebolla morada, el jugo de naranja, el jugo de limón y el vinagre de manzana, deje reposar por 5 minutos.
2. Añada el resto de los ingredientes y salpimiente al gusto. Reserve en refrigeración por 1 hora como mínimo.

Salsa verde

Rendimiento: 2 porciones • Preparación: 5 min • Cocción: 15 min

Ingredientes

6   tomates
½   cebolla partida en cuartos

1   diente de ajo
2   chiles serranos
1   rama de cilantro

1   cucharada de aceite
sal al gusto

Procedimiento

1. Cueza los tomates, la cebolla y el ajo en suficiente agua. Licuelos junto con los chiles y la rama de cilantro hasta obtener una salsa homogénea.
2. Caliente el aceite en una olla y fría la salsa. Agregue sal y reserve.

Sopa de poro y papa

Rendimiento: 2 porciones ◆ Preparación: 10 min ◆ Cocción: 25 min

Ingredientes

- 3 jitomates
- ¼ de cebolla
- 1 diente de ajo
- 2 cucharadas de aceite de canola

- ½ poro mediano, cortado en rebanadas delgadas
- 1½ tazas de caldo de pollo
- 250 g de papas cortadas en bastones pequeños

- sal y pimienta negra molida, al gusto
- perejil picado, al gusto

Procedimiento

1. Licue los jitomates, la cebolla y el ajo hasta obtener una preparación homogénea y tersa. Cuélela y resérvela.
2. Ponga sobre el fuego una olla mediana con el aceite de canola y sofría el poro. Vierta el caldillo de jitomate y cocine a fuego medio hasta que el caldillo se reduzca hasta que espese.
3. Agregue el caldo de pollo, las papas, sal y pimienta al gusto; tape la olla, baje el fuego y cocine por 15 minutos más. Verifique la cantidad de sal y retire la sopa del fuego.
4. Sirva la sopa en tazones individuales y decórela con perejil picado.

Sopa de zanahoria perfumada con anís

Rendimiento: 2 porciones ◆ Preparación: 10 min ◆ Cocción: 25 min

Ingredientes

- 1 cucharada de aceite de oliva
- ½ diente de ajo picado
- ¼ de cebolla picada

- 2 zanahorias grandes cortadas en trozos
- 1 anís estrella

- 1½ tazas de leche descremada
- sal y pimienta negra molida, al gusto
- 1 cucharada de cebollín picado

Procedimiento

1. Ponga en fuego bajo una olla con el aceite de oliva y sofría el ajo y la cebolla. Agregue las zanahorias y el anís estrella, cueza por 10 minutos o hasta que las zanahorias estén cocidas *al dente*. Retire del fuego y reserve el anís estrella por separado.
2. Licue las zanahorias con la leche descremada hasta obtener una mezcla homogénea. Viértala en la olla y regrésela al fuego, añada nuevamente el anís estrella y salpimiente; continúe la cocción a fuego bajo por 15 minutos. Rectifique la cantidad de sal y retire del fuego.
3. Deseche el anís estrella y sirva la sopa con el cebollín espolvoreado.

Índice de recetas

Si bien en todos los menús están balanceados los micronutrientes esenciales para el embarazo, en esta sección se especifica qué recetas destacan por su elevada cantidad de calcio, hierro, vitamina D y ácido fólico (B9).

C = Calcio   H = Hierro   D = Vitamina D   Af = Ácido fólico o vitamina B9

Cena